Philosophie der Sorge

AF545603

Boris Groys

Philosophie der Sorge

Aus dem Englischen übersetzt
von Thomas Stauder

claudius

essay

INHALT

Einleitung: Sorge und Selbstsorge

In den heutigen Gesellschaften ist die am weitesten verbreitete Form von Arbeit die Sorgearbeit. Die Bewahrung von Menschenleben wird von unserer Zivilisation als ihr oberstes Ziel angesehen. Foucault hatte recht, als er die modernen Staaten als biopolitisch bezeichnete. Ihre Hauptaufgabe ist es, für das körperliche Wohlergehen ihrer Bevölkerungen zu sorgen. In diesem Sinne ist die Medizin an die Stelle der Religion getreten, und das Krankenhaus hat die Kirche ersetzt. Der Körper und nicht mehr die Seele ist der vorrangige Gegenstand der institutionalisierten Fürsorge: „die Gesundheit ersetzte das Seelenheil“[1]. Ärzte übernahmen die Rolle von Priestern, weil sie angeblich unsere Körper besser kennen als wir – so wie die Priester behaupteten, unsere Seelen besser zu kennen als wir. Die Sorge für die menschlichen Körper geht jedoch weit über die Medizin im engeren Sinne dieses Wortes hinaus. Staatliche Einrichtungen kümmern sich nicht nur um unsere Körper als solche, sondern auch um die Unterbringung, die Ernährung und andere Faktoren, die für die Gesunderhaltung unserer Körper von Bedeutung sind – so sorgen beispielsweise öffentliche und private Verkehrssysteme dafür, dass die Körper der Fahrgäste unversehrt an ihren Bestimmungsort gelangen, während die ökologische Industrie sich um die Umwelt kümmert, um sie der menschlichen Gesundheit zuträglicher zu machen.

Die Religion sorgte sich nicht nur um das Leben der Seele in dieser Welt, sondern auch um ihr Schicksal, nachdem sie ihren Körper verlassen hatte. Dasselbe lässt sich über die zeitgenössischen, säkularisierten Sorgeeinrichtungen sagen. Unsere Kultur produziert ständig Erweiterungen unserer materiellen Körper: Fotos, Dokumente, Videos, Kopien unserer Briefe und E-Mails und andere Artefakte. Und wir beteiligen uns an diesem Prozess, indem wir Bücher, Kunstwerke, Filme, Websites und Instagram-Accounts erzeugen. All diese Dinge und Dokumente werden einige Zeit lang über unseren Tod hinaus aufbewahrt. Das bedeutet, dass unsere Sorgeeinrichtungen anstelle eines geistlichen Nachlebens für unsere Seelen das materielle Nachleben unserer Körper sichern. Wir kümmern uns um Friedhöfe, Museen, Bibliotheken, historische Archive, öffentliche Denkmäler und Orte von historischer Bedeutung. Wir bewahren die kulturelle Identität, das historische Gedächtnis und die traditionellen städtischen Räume und Lebensweisen. Jeder Einzelne ist in dieses System der umfassenden Sorge einbezogen. Unsere erweiterten Körper können als ‚symbolische Körper' bezeichnet werden. Sie sind nicht deswegen symbolisch, weil sie auf irgendeine Weise ‚immateriell' sind, sondern weil sie es uns ermöglichen, unsere physischen Körper in das System der Sorge einzuschreiben. In ähnlicher Form konnte die Kirche nicht für eine individuelle Seele sorgen, bevor deren Körper getauft und mit einem Namen versehen war.

Der Schutz unserer lebendigen Körper wird nämlich durch unsere symbolischen Körper vermittelt. Wenn wir einen Arzt aufsuchen, müssen wir deshalb einen Personalausweis oder andere Ausweispapiere vorlegen. Diese Dokumente beschreiben unsere Körper und deren Geschichte: männlich oder weiblich, Ort und Datum der Geburt, Farbe der Haare und Augen, biometrische Fotos. Darüber hinaus müssen wir unsere Postanschrift, Telefonnummer und E-Mail-Adresse angeben. Wir müssen auch unsere Krankenversicherungskarte vorlegen oder private Zahlung vereinbaren. Das setzt voraus, dass wir nachweisen können, dass wir ein Bankkonto, einen Beruf und einen Arbeitsplatz besitzen oder eine Rente beziehungsweise andere relevante Sozialleistungen beziehen. Wenn wir einen Arzt aufsuchen, werden wir nicht zufällig zunächst aufgefordert, eine Vielzahl von Dokumenten auszufüllen, einschließlich einer Anamnese unserer früheren Krankheiten, und unsere Zustimmung zu einer eventuellen Weitergabe unserer privaten Daten sowie eine Verzichtserklärung bezüglich aller Folgen unserer Behandlung zu unterschreiben. Der Arzt prüft all diese Unterlagen, bevor er unseren Körper untersucht. In vielen Fällen untersuchen die Ärzte sogar überhaupt nicht unsere physischen Körper – die Sichtung der Dokumentation scheint ausreichend zu sein. Das zeigt, dass die Sorge für unsere physischen Körper und deren Gesundheit in ein viel umfassenderes System der Überwachung und Versorgung integriert ist, das unsere symbolischen Körper kontrolliert. Und es drängt sich der Verdacht auf, dass dieses System weniger an unserer individuellen Gesundheit und unserem Überleben interessiert ist als an seinem eigenen reibungslosen Funktionieren. In der Tat ändert der Tod eines Individuums nicht viel an seinem symbolischen Körper – er führt nur zur Ausstellung der Sterbeurkunde und einiger zusätzlicher Papiere im Zusammenhang mit der Beerdigungsprozedur, der Positionierung des Grabes, der Gestaltung eines Sarges oder einer Urne und anderen ähnlichen

Vorkehrungen. Es sind nur geringfügige Veränderungen in unseren symbolischen Körpern, die sie in symbolische Leichen verwandeln.

Das System der Krankenversorgung scheint uns als Patienten zu verdinglichen, uns in lebende Leichen zu verwandeln und uns als kranke Tiere statt als autonome menschliche Wesen zu behandeln. Dieser Eindruck ist jedoch – glücklicher- oder un-
10 glücklicherweise – weit von der Wahrheit entfernt. In Wirklichkeit macht uns das medizinische System nicht zu Objekten, sondern zu Subjekten. Zunächst einmal beginnt sich dieses System nur dann um einen individuellen Körper zu sorgen, wenn sich der Patient an dieses System wendet, weil er sich unwohl, angeschlagen oder krank fühlt. Die erste Frage, die einem gestellt wird, wenn man zum Arzt geht, lautet nämlich: Was kann ich für Sie tun? Mit anderen Worten: Die Medizin versteht sich als Dienstleistung und behandelt den Patienten wie einen Kunden. Die Patienten müssen nicht nur entscheiden, ob sie krank sind oder nicht, sondern auch, welche Teile ihrer Körper krank sind, denn die Medizin ist hoch spezialisiert, und es ist der Patient, der die anfängliche Wahl der geeigneten medizinischen Einrichtung und der Art des Arztes treffen muss. Die Patienten sind bei der Sorge für ihre Körper die Hauptverantwortlichen. Das medizinische System der Versorgung ist sekundär. Die Selbstsorge geht der Sorge durch andere voraus.

Wir suchen das Heil in der Medizin nur dann, wenn wir uns krank fühlen – aber nicht, wenn es uns gut geht. Falls wir jedoch über kein spezielles medizinisches Wissen verfügen, haben wir nur eine vage Vorstellung davon, wie unser Körper funktioniert. Tatsächlich besitzen wir keine ‚angeborene' Fähigkeit, ‚intern', d. h. durch Selbstbetrachtung, den Unterschied zwischen gesund

und krank festzustellen. Wir können uns unwohl fühlen, aber eigentlich ganz gesund sein, und wir können uns gut fühlen und doch sterbenskrank sein. Das Wissen über unsere Körper kommt von außen. Auch unsere Krankheiten kommen von außen – entweder sind sie genetisch vorgegeben oder durch Infektionen, schlechte Ernährung oder das Klima verursacht. Alle Ratschläge, wie wir die Funktionsweise unserer Körper verbessern und sie gesünder machen können, setzen ebenfalls von außen an – sei es durch Sport oder alle möglichen Arten von alternativen Therapien oder Diäten. Anders ausgedrückt: Uns um unseren eigenen Körper zu kümmern, bedeutet für uns, die Sorge für etwas zu übernehmen, von dem wir kaum etwas wissen.

Wie alles in unserer Welt ist auch das Medizinsystem nicht wirklich ein kohärentes System, sondern ein Feld voller Konkurrenz. Wenn man sich über die medizinische Behandlung informieren möchte, die gut für die eigene Gesundheit ist, stellt man schnell fest, dass die medizinischen Autoritäten in allen wichtigen Fragen unterschiedlicher Auffassung sind. Die medizinischen Ratschläge, die man erhält, sind meist widersprüchlich. Gleichzeitig wirken all diese Empfehlungen sehr professionell, sodass es schwierig ist, eine Behandlungsmethode auszuwählen, ohne über spezielle medizinische Kenntnisse und einen entsprechenden beruflichen Hintergrund zu verfügen. Dass es sich um eine schwerwiegende Entscheidung handelt, wird jedoch dadurch unterstrichen, dass der Patient verpflichtet ist, einer bestimmten Behandlung zuzustimmen, wobei er alle möglichen negativen Folgen dieser Therapie – einschließlich des Todes – in Betracht ziehen und in Kauf nehmen muss. Das bedeutet, dass die Medizin sich zwar als Wissenschaft präsentiert, die Wahl einer bestimmten medizinischen Behandlung durch den Patienten jedoch einen irrationalen Glaubensakt voraussetzt. Irrational ist diese Entscheidung, weil die Grundlage des medizinischen Wissens die Untersuchung von Leichen ist. Die innere Struktur und Funktionsweise des lebenden Körpers kann man auf die gleiche Weise nicht wirklich erforschen. Der Körper muss erst sterben, um vollständig durchschaut zu werden. Oder er sollte zumindest betäubt werden. Aus diesem Grund kann ich meinen eigenen Körper nicht kennen, weil ich mich selbst nicht als Leiche sezieren kann. Genauso wenig kann ich mich gleichzeitig betäuben und operieren. Ohne die Hilfe von Röntgenstrahlen oder Computertomografien kann ich den inneren Zustand meines Körpers nicht sehen. Die medizinischen Kenntnisse des Arztes übersteigen mein Wissen über mich selbst. Und meine Beziehung zum Transzendenten kann nur der Glaube sein – nicht das Wissen.

Die Vorschläge zur Pflege des eigenen Körpers kommen nicht nur aus verschiedenen medizinischen Richtungen, sondern auch von einer Vielzahl alternativer Behandlungsmethoden, darunter Sport, Wellness, Fitness, Yoga und Tai-Chi sowie verschiedene Diätprogramme. Sie alle erfordern von uns einen Glaubensakt. In dieser Hinsicht ist es interessant, die Werbung für verschreibungspflichtige Medikamente im amerikanischen Fernsehen zu verfolgen. Diese Werbefilme sind meist sehr mysteriös gestaltet. Man sieht nur glückliche Paare, oft mit Kindern, die zusammen essen und lachen, Tennis oder Golf spielen. Ab und zu wird ein seltsam aussehendes Wort eingeblendet, das wahrscheinlich der Name des beworbenen Medikaments sein soll. Es ist jedoch meistens nicht erkennbar, welche Art von Krankheiten durch dieses Medikament geheilt werden und wie es verwendet werden soll. Die ganze Werbung wirkt völlig unglaubwürdig, weil alle im Clip gezeigten Personen offensichtlich gesund sind. So könnte man auf die Idee kommen, dass das Einzige, was sie krank machen kann, das beworbene Medikament selbst ist. Auch wenn nicht ganz klar ist, wofür dieses Medikament gut ist, sieht man am Ende eine kurze Liste seiner Nebenwirkungen. Üblicherweise reicht die Aufzählung von Schwindel und Erbrechen bis hin zu Blindheit und gelegentlichem Tod. Nach ein paar Augenblicken verschwindet die Liste und der kurze Film zeigt wieder die glückliche Familie. Der Zuschauer ist erleichtert, dass sie gesund und fröhlich geblieben ist – wahrscheinlich, weil sie sich entschieden hat, dieses Medikament doch nicht zu nehmen.

Wir sind es gewohnt, Wissen mit Macht gleichzusetzen. Wir denken, dass eine Person voller Wissen eine starke, mächtige Person ist – eine potenziell universelle, herrschaftliche Person. Wenn ich jedoch Sorge trage für meinen physischen und symbolischen Körper, bin ich kein wissendes Subjekt. Wie bereits erwähnt wurde, fehlt mir das Wissen über meinen physischen Körper. Genauso wenig habe ich eine vollständige Kenntnis von meinem symbolischen Körper. Der Ursprung des Letztgenannten – meiner Identität – ist die Geburtsurkunde, die mich über meinen Namen, die Namen meiner Eltern, das Datum und den Ort meiner Geburt, meine Staatsangehörigkeit und weitere Details informiert. Sie ist das grundlegende Dokument, aus dem später alle anderen Dokumente hervorgehen, wie z. B. mein Personalausweis, verschiedene Anreden und Bildungsnachweise. Alle diese Urkunden zusammen definieren meinen Status und meinen Platz in der Gesellschaft – sie zeugen von der Form, in der die Gesellschaft mich sieht und bewertet. Und sie bestimmen, auf welche Weise man sich nach meinem Tod an mich erinnern wird. Gleichzeitig gilt, dass ich weder meine Zeugung durch meine Eltern bewusst miterleben konnte noch das Ereignis meiner Geburt samt deren Zeitpunkt und Ort noch den Erhalt meiner Staatsbürgerschaft. Meine Identität ist das Werk von anderen.

Natürlich kann ich auf verschiedene Weise versuchen, meinen symbolischen Körper zu modifizieren – von der Änderung meines Geschlechts bis hin zum Schreiben von Büchern, in denen ich erkläre, dass ich in Wirklichkeit ganz anders bin, als ich auf meine Mitmenschen wirke. Aber um das Geschlecht zu ändern, muss man zum Chirurgen gehen, und um ein Buch zu veröffentlichen, muss man das Manuskript einem Verlag zeigen und um dessen Einschätzung bitten. Oder man stellt den Buchtext ins Internet und lässt diesen von den Nutzern bewerten. Mit anderen Worten: Man kann keine vollständige Kontrolle über die Veränderungen des eigenen symbolischen Körpers erlangen. Hinzu kommt, dass symbolische Körper einem ständigen Prozess der Neubewertung unterliegen. Was gestern noch symbolisch wertvoll war, kann heute entwertet und morgen neu bewertet werden. In der Rolle des Sorgenden kann man diese Prozesse weder kontrollieren noch beeinflussen. Außerdem werden wir in unserer heutigen Zivilisation permanent überwacht und ohne unser Wissen und Einverständnis aufgezeichnet. Der symbolische Körper ist ein Archiv von Dokumenten, Bildern, Videos, Tonaufnahmen, Büchern und anderen Daten. Die Ergebnisse der Überwachung sind Teil dieses Archivs, auch wenn diese Ergebnisse dem Überwachten unbekannt sind. Dieses Archiv ist materiell und existiert auch dann, wenn niemand, nicht einmal der Überwachte, Zugang dazu hat oder sich dafür interessiert. In dieser Hinsicht ist es sehr aufschlussreich zu beobachten, was passiert, wenn jemand ein Verbrechen begeht, insbesondere ein politisch motiviertes Verbrechen. Plötzlich findet man die Bilder der mutmaßlichen Straftäter, wie sie in einem Laden Lebensmittel kaufen oder etwas Bargeld aus einem Geldautomaten abheben, zusammen mit Bildern der von ihnen verfassten Manifeste oder ihrer Waffensammlung. Dieses Beispiel zeigt, dass die Herausbildung und das Wachstum eines symbolischen Körpers einen Prozess darstellen, der relativ unabhängig von sozialer Aufmerksamkeit erfolgt und meist außerhalb der Kontrolle der Person, die an erster Stelle für diesen symbolischen Körper zuständig ist. Nach dem Tod des primär Sorgenden kommt die Sorgeautomatik aber nicht zum Stillstand. Und dieser Automatismus zeigt, dass die Bemühungen des primär Sorgenden, den symbolischen Körper zu formen, nur begrenzt erfolgreich waren. Die Grabinschrift entspricht in der Regel der Geburtsurkunde unter Hinzufügung des Todesdatums und enthält nur wenige Informationen über die Art und Weise, in der die Sorgenden versucht haben, etwas zu werden, was sie anfänglich nicht waren – wie Schriftsteller, Maler oder Revolutionär. Die Neubewertungen der symbolischen Körper gehen auch nach dem Tod ihrer Sorgeverantwortlichen weiter – Denkmäler werden errichtet, zerstört und wieder aufgestellt, Bücher werden veröffentlicht, verbrannt und wieder aufgelegt, neue Dokumente tauchen auf, andere Dokumente gehen verloren. Die Sorge wird fortgesetzt – aber merkwürdigerweise wird die Verantwortung für posthume Veränderungen bei der Bewertung eines bestimmten symbolischen Körpers dessen primär Sorgendem zugeschrieben. Und in der Tat erfordert die Sorge für den symbolischen Körper das Vorhersehen seines Schicksals nach dem Tod des physischen Körpers – so wie die Sorge für den physischen Körper die Erwartung seines unvermeidlichen Todes voraussetzt.

Es ist diese Kombination aus physischem und symbolischem Körper, die wir unser Selbst nennen. Als Sorgeverantwortlicher des Selbst nimmt das Subjekt ihm gegenüber eine externe Position ein. Das Subjekt ist dabei nicht zentral, aber es ist auch nicht dezentriert. Stattdessen ist es, wie Helmuth Plessner zu Recht feststellt, „exzentrisch“[2]. Ich weiß, dass ich das Subjekt der Selbstsorge bin, weil ich dies von anderen erfahren habe – genauso wie ich meinen Namen, meine Nationalität und andere persönliche Details erfahren habe. Ein Subjekt der Selbstsorge zu sein, bedeutet jedoch nicht, das Recht zu haben, über die Praxis der Sorge zu entscheiden. Als Patient muss ich alle Anweisungen der Ärzte befolgen und alle schmerzhaften Prozeduren, denen ich unterzogen werde, passiv ertragen. In diesem Fall bedeutet Selbstsorge, sich selbst zum Objekt der Fürsorge zu machen. Und diese Arbeit der Selbstobjektivierung erfordert einen starken Willen, Disziplin und Entschlossenheit. Wenn ich nicht alle meine Pflichten als Patient erfülle, wird dies als mangelnder Wille, als Schwäche interpretiert.

Andererseits jedoch wird die Entscheidung eines gesunden Menschen, alle vernünftigen Ratschläge zu missachten und das Risiko des Sterbens einzugehen, von unserer Gesellschaft bewundert. Die Kranken sollen das Leben wählen, aber die Gesunden dürfen den Tod wählen. Im Falle des Krieges ist das offensichtlich. Aber wir bewundern auch intensive Arbeitsanstrengungen, die der Gesundheit des Arbeitenden schaden könnten. Und wir bewundern Personen, die Extremsportarten praktizieren und Abenteuer erleben, die zu ihrem Tod führen können. Mit anderen Worten: Was für den symbolischen Körper vorteilhaft ist, kann den physischen Körper zerstören. Den sozialen Status unserer symbolischen Körper zu erhöhen, erfordert oftmals eine Investition von Lebenskraft, die potenziell unsere Gesundheit ruiniert und sogar das Risiko des Ablebens birgt.

Deshalb muss das exzentrische Subjekt der Selbstsorge auf die Verteilung der Sorge zwischen physischem und symbolischem Körper achten. So können beispielsweise die Gesundheitskriterien, die für einen Profisportler gelten, nicht auf jemanden angewandt werden, der keinen Profisport betreibt. Das Gleiche gilt für andere Berufe, die auf körperliche oder manuelle Arbeit angewiesen sind. Aber auch die sogenannten intellektuellen Berufe erfordern die Gesundheit der darin Tätigen – nicht jeder ist in der Lage, viele Stunden in einem Büro zu sitzen, nicht jeder kann sich über einen längeren Zeitraum auf ein bestimmtes Problem konzentrieren. So gesehen wissen wir nie, was wirklich gut für unsere Gesundheit ist – entweder eine Behandlung zu wählen, die unseren durch unseren symbolischen Status diktierten Bedürfnissen entspricht, oder diesen Status zu ändern, einen anderen Beruf, ein anderes Land, eine andere Identität, eine andere Familie oder gar keine Familie zu wählen. Alle diese Entscheidungen sind eng miteinander verknüpft – und alle können unserer Gesundheit förderlich oder abträglich sein.

Natürlich wird die Lösung für dieses Problem oft in der Suche nach dem ‚wahren Selbst' gesehen, das jenseits unserer physischen und symbolischen Körper liegen soll. Doch auch hier wird man wieder mit unterschiedlichen und oftmals widersprüchlichen Ratschlägen und Methoden konfrontiert – vom kartesianischen Zweifel bis zur transzendentalen Meditation. Das Subjekt der Selbstsorge konstituiert sich durch den Modus, in dem wir von der Gesellschaft, einschließlich der Fürsorgeeinrichtungen, angesprochen werden. Das Subjekt sorgt für seinen physischen und symbolischen Körper, weil man es von ihm verlangt. Die Forderung, gesund zu sein, ist der grundlegende und universelle Anspruch an das zeitgenössische Subjekt. Zwar weisen die menschlichen Körper je nach Geschlecht, ethnischer Herkunft und anderen Faktoren unterschiedliche Merkmale auf, aber die Forderung, gesund zu bleiben, gilt für alle Körper gleichermaßen. Nur wenn ein Körper gesund bleibt, kann sein Subjekt zum Wohlergehen der Gesellschaft beitragen – oder zu deren Veränderung. Die Investition in die Gesundheit ist die grundlegende Investition, die man tätigt, um am gesellschaftlichen Leben teilnehmen zu können. Deshalb neigt die Gesellschaft zur Ablehnung aller Formen der Dekadenz, der Passivität, der Kultivierung der eigenen Krankheiten und der mangelnden Bereitschaft, die übliche Arbeit der Selbstsorge zu leisten.

Tatsächlich ist Sorgearbeit, einschließlich der Selbstsorge, immer harte Arbeit, und man ist immer froh, sie vermeiden zu können. Im Grunde ist es eine Sisyphusarbeit und jeder weiß das. Jeden Tag wird Essen zubereitet und dann gegessen, und dann muss man wieder anfangen, Essen zuzubereiten. Jeden Tag wird das Zimmer geputzt – und am darauffolgenden Tag sollte es wieder geputzt werden. Jeden Morgen und Abend sollte man sich die Zähne putzen – und am nächsten Tag das gleiche Ritual wiederholen. Jeden Tag muss sich der Staat vor seinen Feinden schützen – und einen Tag später ist die Situation die gleiche. Ein Pilot bringt Passagiere erfolgreich an ihr Ziel – und muss dann zurückfliegen. Und – auch das muss gesagt werden – jeder Patient, der vom Medizinbetrieb behandelt wird, stirbt zwangsläufig irgendwann, und so beginnt das System mit dem nächsten Patienten und kommt dann zum gleichen Ergebnis. Die Arbeit der Sorge und Selbstsorge ist unproduktiv, bleibt für immer unvollendet und kann daher nur zutiefst frustrierend sein. Aber sie ist die grundlegendste und notwendigste aller Arbeiten. Alles andere hängt von ihr ab. Unser soziales, wirtschaftliches und politisches System behandelt die Bevölkerung wie eine Quelle erneuerbarer Energie, wie die Sonnen- oder Windenergie. Die Erzeugung dieser Energie ist jedoch nicht auf ‚natürliche' Weise gewährleistet, sondern durch die Bereitschaft jedes Einzelnen in der Bevölkerung, Selbstsorge zu betreiben und in die eigene Gesundheit zu investieren. Wenn die Einwohnerschaft beginnen würde, dieses Erfordernis zu vernachlässigen, dann würde das ganze System zusammenbrechen. Das exzentrische Subjekt der Selbstsorge nimmt eine Metaposition in seiner Beziehung zum Gesellschaftssystem ein und entdeckt dabei seine Macht. Wenn das Individuum seine Investitionen durch Energie und Gesundheit einstellt, senkt es das Energieniveau der Gesellschaft als Ganzes. Und diese Metaposition ist eine universelle Position: Die Exzentrizität eines individuellen Subjekts der Selbstsorge macht es universell, weil alle Subjekte aller Selbstsorge sich in der gleichen Lage befinden.

Der medizinischen Versorgung wird oft das Ziel zugeschrieben, unsere Körper zu reparieren – deren Arbeitsfähigkeit wiederherzustellen und damit das reibungslose Funktionieren der Gesellschaft zu sichern. Aber unser heutiges Versorgungssystem behandelt auch Körper, die nie wieder wirtschaftlich funktionsfähig sein werden und vielleicht sogar nie funktionsfähig waren. In diesem Fall ist das Subjekt nicht mehr der private Besitzer seines Körpers, dem es freisteht, diesen Körper als Eigentum und Werkzeug zu benutzen. Der Körper wird vollständig vergesellschaftet, bürokratisiert und politisiert. Alle seine privatesten, intimsten Funktionen, einschließlich seiner Fortpflanzungsfähigkeit, werden zu Themen von öffentlichem Interesse und politischer Diskussion. Dies ist das Ende der Privatsphäre, wie sie lange Zeit verstanden wurde. Das Subjekt der Selbstsorge wird zum Teilnehmer im Prozess der politischen und administrativen Entscheidungen über seinen eigenen Körper. Der öffentliche, symbolische, mediatisierte Körper beginnt sich mit dem physischen, privaten, intimen Körper zu decken. Diese Gleichsetzung des Öffentlichen mit dem Intimen kann man in den zeitgenössischen sozialen Medien und ganz allgemein im Internet beobachten. Das Internet fungiert als Medium der Befriedigung unserer alltäglichsten und intimsten Bedürfnisse und Wünsche und gleichzeitig als Medium ihrer Einschreibung in das digitale Gedächtnis – wodurch sie potenziell öffentlich zugänglich werden. Dieser Verlust der Privatsphäre ruft Forderungen nach ihrer Wiederherstellung hervor. Eine Rückkehr zur Privatheit – d. h. eine Rückkehr zum uneingeschränkten Privateigentum am Körper – wäre jedoch ruinös für das Versorgungssystem.

Die aktive Beteiligung des Subjekts der Selbstsorge an den medizinischen, politischen und administrativen Diskussionen über seinen Körper setzt seine Fähigkeit voraus, das Wissen über diese Sorge, einschließlich der medizinischen Erkenntnisse, aus einer Position des Nichtwissens zu beurteilen. Verschiedene wissenschaftliche Schulen wetteifern um Anerkennung, Einfluss, Ruhm und Macht. Alle nehmen für sich in Anspruch, basierend auf Kenntnissen für das Individuum zu sorgen. Das einzelne Subjekt muss sich für eine von ihnen entscheiden, ohne das Wissen zu besitzen, das für diese Entscheidung benötigt wird. Dadurch fühlt es sich schwach und desorientiert. Aber diese Schwäche ist gleichzeitig auch eine Stärke, denn jede Art von Wissen wird nur dann mächtig, wenn dieses akzeptiert und praktiziert wird. Die Geschichte der Philosophie kann als eine Tradition des Nachdenkens über diese Ambivalenz von Schwäche und Stärke verstanden werden. Die verschiedenen philosophischen Lehren verweisen auf unterschiedliche Arten von Beziehungen zwischen Fürsorge und Selbstsorge – zwischen Abhängigkeit und Autonomie. Sehen wir uns diese Lehren in Form eines kurzen Überblicks an, um die Genealogie des heutigen Zustands dieser Beziehung besser zu verstehen.

Die paradoxe Situation, Wissen aus der Position des Nichtwissens zu beurteilen, wird erstmals in den Dialogen Platons beschrieben. Sokrates war ein aufmerksamer und interessierter Zuhörer der sophistischen Diskurse, die ihm verschiedene Antworten auf diese zwei Fragen boten: Was ist Wahrheit?, und: Was ist die richtige Lebensweise? Sokrates befand sich also in einer Metaposition der Wahl zwischen diesen Diskursen. Nun würde man von Sokrates erwarten, dass er versucht, seinen anfänglichen Zustand des Nichtwissens zu überwinden – zu lernen, um wissend zu werden. Das ist es, was man normalerweise von jemandem erwartet, der etwas nicht weiß – dass er oder sie etwas hinzulernt. Doch Sokrates enttäuscht diese Erwartungen: Statt auf dem Weg zur Anhäufung von Wissen voranzuschreiten, macht er einen Schritt zurück und verwirft das Wissen, das er bereits besitzt. Sokrates misstraut nicht nur sämtlichen von den Sophisten vertretenen Lehren, sondern auch der ganzen griechischen Tradition der Mythologie, Poesie und des Theaters, welche die Zuhörer darauf einstimmt, die sophistischen Reden überzeugend zu finden. Mit anderen Worten: Sokrates distanziert sich von der griechischen kulturellen Identität in ihrer Gesamtheit und nimmt ihr gegenüber eine exzentrische Haltung ein. Die Bewegung der Philosophie ist keine Vorwärtsbewegung, kein Fortschritt auf dem Weg zur Bildung und zum Wissen, sondern eine Rückwärtsbewegung, ein Rückfall in einen Zustand des Nichtwissens. Sokrates lernt nicht und lehrt nicht. Er will sich kein Wissen aneignen, und er will es auch nicht verbreiten.

Sokrates verglich sich bekanntlich mit einer Hebamme, die einer anderen Frau bei der Geburt eines Kindes hilft. Sokrates nahm für sich in Anspruch, auf dieselbe Weise der Wahrheit
im Inneren eines anderen Menschen zur Geburt zu verhelfen, wenn dieser mit der Wahrheit schwanger war. Es handelt sich unverkennbar um eine medizinische Metapher – die Sorge um die Wahrheit wird hier in Analogie zur Sorge um den menschlichen Körper verstanden. Mit der Wahrheit schwanger zu sein und sie zu gebären ist eine schmerzhafte Erfahrung: „Auch darin ergeht es denen, die mit mir umgehen, wie den Gebärenden: sie haben nämlich Wehen und wissen sich nicht zu lassen bei Tag und Nacht, weit ärger als jene. Und diese Wehen kann meine Kunst erregen sowohl als stillen."[3] Sobald die Wahrheit geboren ist, fühlt sich Sokrates' Patient erleichtert. Allerdings kann diese Wahrheit von Sokrates als falsch zurückgewiesen werden: „Und wenn ich bei der Untersuchung etwas, was du sagst, für ein Mondkalb und nichts Echtes erfunden habe, also es ablöse und wegwerfe, so erzürne dich darüber nicht, wie die Frauen es bei der ersten Geburt zu tun pflegen. Denn schon viele, mein Guter, sind so gegen mich aufgebracht gewesen, wenn ich ihnen eine Posse abgelöst habe, daß sie mich ordentlich hätten beißen mögen […]."[4]

Hier wird das Streben nach Wahrheit auf eine quasi-physiologische Ebene gestellt. Die Patienten leiden, weil sie sich nach der Wahrheit sehnen. Also gehen sie zu den Sophisten, zu den

Lehrern, weil sie von ihnen die Wahrheit erwarten. Sokrates glaubt jedoch, dass dies die falsche Diagnose ist: Eigentlich sind die Patienten bereits mit der Wahrheit schwanger, können sie aber nicht entbinden. Die Wahrheit liegt nicht außerhalb von uns, sondern in uns – eine Argumentation, die später häufig zum Tragen kam. Die Frage ist jedoch die folgende: Entsteht der ursprüngliche innere Druck, die Wahrheit zu empfangen oder

auf die Welt zu bringen, in den Individuen unabhängig von der Gesellschaft, in der sie leben? Der gesamte Kontext von Platons Dialogen legt nahe, dass dies nicht der Fall ist. Das Streben nach Wahrheit wird dem Einzelnen von der Gesellschaft, in der er lebt, aufgezwungen. Das Individuum wird von allen Seiten von verschiedenen sophistischen Diskursen angegriffen und ist gezwungen, sich im Feld des Wissens zu positionieren – als Anhänger dieses oder jenes berühmten Lehrers. Die sokratische Methode ist verführerisch, weil sie es den Patienten ermöglicht, diese Positionierung zu vermeiden, indem sie behauptet, dass sie ihre Wahrheit bereits in sich tragen – auch wenn diese Wahrheit verborgen ist.

Wenn man bestimmte philosophische Lehren und gesellschaftliche Projekte ablehnt, wird man tatsächlich auch heute noch meistens gefragt: Und was sind Ihre eigenen Überzeugungen und Projekte? Sokrates lehrte uns, wie wir es vermeiden können, in diese rhetorische Falle zu tappen. Man sollte nicht sagen: Ich lehne Ihre Auffassungen ab. Man sollte einfach fragen: Könnten Sie Ihre Ansichten und Argumente ausführlicher erläutern? Und vielleicht sehen Sie dabei ja, dass es in Ihrer Argumentation einige Widersprüche gibt? Diese Verteidigungsstrategie lässt jeden verbalen Überzeugungsversuch in sich zusammenfallen und vermeidet gleichzeitig die Notwendigkeit, ein Gegenargument zu formulieren. Natürlich ist diese Art der Verteidigung irritierend, weil die Gesellschaft von ihren Mitgliedern erwartet, dass sie zumindest zu den wichtigsten Problemen des öffentlichen Lebens ausdrücklich Stellung beziehen. Zu sagen: „Ich habe überhaupt keine Position", wirkt wie eine Beleidigung. Und Sokrates wurde bekanntlich wegen dieser Art von Beleidigung zum Tode verurteilt. Die Entscheidung des Gerichts entbehrte nicht einer gewissen Logik: Ein Mann, der sich politisch und ethisch nicht positioniert, ist gesellschaftlich bereits tot. Allerdings wird dabei übersehen, dass Sokrates – zumindest in Platons Interpretation – davon ausging, dass in der idealen Gesellschaft niemand mehr eine individuelle Positionierung benötigen würde. Eine individuelle Position ist immer ein Ausdruck persönlicher Interessen. Diese sind in erster Linie wirtschaftlicher Natur und/oder betreffen die Loyalität gegenüber der eigenen Familie. In einem idealen Staat, wie er in Platons *Politeia* (*Der Staat*) beschrieben wird, hat jedoch niemand Privateigentum und ebenso wenig familiäre Loyalitäten. Es ist ein Staat auf der Nullebene. Ein derartiger Staat währt ewig, denn im Lauf der Geschichte ändern sich die Eigentumsverhältnisse und auch die Familienstrukturen – wenn sie jedoch fehlen, kann sich an ihnen nichts ändern.

Dieser Staat sollte von Philosophen regiert werden, die das Wahre, das Gute, das Richtige und das Schöne als solche erkennen und in der Lage sind, diese wahren Bilder mit der sie umgebenden Wirklichkeit zu vergleichen. Die Philosophie nimmt hier nicht die Form einer Lehre oder eines Diskurses an. Die Kontemplation des ewigen Guten geschieht in der Stille. In seinem berühmten Höhlengleichnis aus der *Politeia* besteht Platons Sokrates darauf, dass man unter äußeren Druck gesetzt werden muss, um zur Betrachtung der Wahrheit zu gelangen. Der soziale

Raum wird mit einer Höhle verglichen. Ursprünglich sitzt man mit dem Gesicht zur Wand und sieht die Schatten der Dinge, die am Eingang der Höhle in verschiedene Richtungen getragen werden. Der Impuls, den Ursprung dieser Schatten zu entdecken, muss von außen kommen, man muss gezwungen werden, die Position seines Körpers zu verändern: „Wenn einer entfesselt und genötigt würde, plötzlich aufzustehen, den Hals umzudrehen, herumzugehen, in das Licht zu sehen, und wenn er bei all diesen Handlungen Schmerzen empfände und wegen des Glanzgeflimmers vor seinen Augen nicht jene Dinge anschauen könnte, deren Schatten er vorhin zu sehen pflegte.“[5] Die Evidenzerfahrung erfolgt nicht augenblicklich, sondern als Folge weiterer Gewaltanwendung: „Wenn aber, fuhr ich fort, jemand ihn aus dieser Höhle mit Gewalt [über] den rauhen und steilen Aufgang zöge und ihn nicht losließe, bis er ihn an das Licht der Sonne herausgebracht hätte, – würde er da wohl nicht Schmerzen empfunden haben, über dieses Hinaufziehen aufgebracht werden und, nachdem er an das Sonnenlicht gekommen, die Augen voll Blendung haben und also gar nichts von den Dingen sehen können, die jetzt als wirkliche ausgegeben werden?“[6] Hier ist es wichtig zu bemerken, dass diese Gewalt auf den ganzen Körper des Patienten bzw. Schülers angewandt wird, weil dieser seine Augen nicht der Wahrheit zuwenden kann, ohne seinen ganzen Körper zu wenden. Die gesamte Szene der Bekehrung zur philosophischen Existenzweise ist eine erschreckende Geschichte – ein wahrer Horror.

In der Tat wird die individuelle Seele nicht durch Überredung oder ihre eigene willkürliche Entscheidung zur Vision des ewigen Lichts gebracht, sondern dies geschieht als Folge der veränderten Position ihres Körpers, die durch die direkte Anwendung physischer Gewalt hervorgerufen wird. In marxistischer Begrifflichkeit ausgedrückt, sieht das Subjekt das Licht nicht als Ergebnis eines spirituellen Erwachens auf der Ebene des Überbaus, sondern aufgrund der Verschiebung der Position seines Körpers auf der Ebene der materiellen Basis. Es überrascht nicht, dass Badiou in seiner (sehr eigenwilligen) ‚Übersetzung' von Platons *Staat* die Gewalt dieses Aktes materialistischer Metanoia hervorhebt:

„Seine Augen schmerzen fürchterlich, er will weglaufen, er will zurück zu dem, was er zu sehen erträgt, zu diesen Schatten, deren Wesen er für viel realer hält als das der Objekte, die sie ihm zeigen. Doch plötzlich packen ihn ein paar harte Burschen, die wir dafür bezahlen, und zerren ihn grob durch die Gänge zwischen den Sitzplätzen des Kinos. Sie zwingen ihn, durch eine kleine Seitentür zu gehen, die bis dahin verborgen war. Sie werfen ihn in einen schmutzigen Tunnel, durch den man ins Freie kommt, auf einen sonnenbeschienenen Berghang im Frühling."[7]

Aber macht diese schmerzhafte Übung den Philosophen zu einem besseren Mitglied der Gesellschaft? Keineswegs. Wenn der Philosoph – geblendet vom Licht der Wahrheit – in die Höhle zurückkehrt, „würden die Menschen von ihm sagen, dass er nach seinem Aufstieg ohne Augen heruntergekommen sei, und dass es besser sei, nicht einmal daran zu denken, hinaufzusteigen, und wenn jemand versuchen würde, einen anderen von seinen Fesseln zu befreien und ihn zum Licht hinaufzuführen, dann würden sie diesen Delinquenten umbringen, falls sie ihn in die Hände bekämen"[8].

Doch die Aussicht auf den Tod macht dem Philosophen keine Angst. Im ewigen Licht der Wahrheit entdeckt er, dass seine Seele ewig ist. Die Betrachtung der ewigen Idee des Guten garantiert den Philosophen ihre exzentrische Position gegenüber ihren eigenen Körpern und dem sozialen Körper als Ganzem. Dadurch können sie sich von Objekten der Fürsorge in Subjekte der Sorge und Selbstsorge verwandeln. Platon sagt nicht explizit, wer einen der Höhlenbewohner aus der Höhle zerrt – ebenso wenig wie er die Arbeiter identifiziert, die die Gegenstände am Höhleneingang hin- und herbewegen. Auf jeden Fall wird deutlich, dass das Subjekt selbst zu schwach ist, um eine Initiative in Sachen Wahrheit zu entwickeln. Es kann zwar zur Wahrheit gelangen – aber nur unter externer Anleitung und Kontrolle. Aber warum ist es so schwach? Platon würde sagen: weil es in seinem Körper gefangen ist. Diese Gefangenschaft führt dazu, dass die Seele zu sehr mit den Wünschen des Körpers und weiteren Alltagsangelegenheiten beschäftigt ist. Und das macht die Seele schwach. Die philosophische Sorge um die Wahrheit setzt die Beseitigung von körperlichen Begierden, pragmatischem Kalkül und persönlichen Verpflichtungen voraus. Die Wahrheit zeigt sich, wenn alles, was mit dem Körper und seinem Sozialstatus zusammenhängt, entfernt ist und die Seele fähig wird, sich selbst zu betrachten. Deshalb ist die Philosophie die Vorbereitung auf den Tod – auf das Verlassen der Höhle der irdischen, körperlichen Existenz. Und die Vorbereitung auf den Tod ist eine einsame und stille Tätigkeit – es ist die Tätigkeit der Kontemplation.

Der platonische Philosoph meidet die Auseinandersetzung und den Wettbewerb. Die Sophisten wetteifern um Ruhm und Geld, aber der Philosoph ist dieses Wettstreits bereits überdrüssig und schaut nur noch zu. Der Philosoph macht allenfalls einige ironische Bemerkungen zu diesem Konkurrenzspektakel – aber das ist auch schon alles. Das Licht der Wahrheit kann nicht in Form von Belehrungen artikuliert und präsentiert werden. Doch Sokrates hat nicht geschwiegen. Er hat nicht versucht, dem öffentlichen Raum und dem Blick der Öffentlichkeit zu entkommen. Er hat sich nicht in den Wald oder in die Wüste zurückgezogen. Stattdessen blieb er ein wichtiger Teil des gesellschaftlichen Lebens in Athen. Er nahm weiterhin an öffentlichen Versammlungen und sophistischen Debatten teil. Aber nachdem er den Nullpunkt der Meinungen erreicht hatte, sah sich Sokrates mit der Aufgabe konfrontiert, einen entsprechenden Nulldiskurs zu entwickeln – einen Diskurs ohne Inhalt. Was aber war das Ziel dieses Nulldiskurses, wenn er nicht das Ziel hatte, zu informieren, zu beeinflussen und zu überzeugen? Es ging nicht darum, die Menschen zu etwas zu bringen, sondern sie von etwas abzubringen – für Platons Sokrates zeigt sich die Evidenz der Wahrheit nach der Eliminierung aller falschen Auffassungen. Dasselbe gilt für die Evidenzerfahrung, auf die Descartes sich mit dem Wahrheitsanspruch seines berühmten *cogito ergo sum* beruft.

Die Wahrnehmung der Evidenz ist natürlich ein rein ‚subjektiver' Eindruck. Deshalb bedarf die Evidenz einer Bestätigung ihres Wahrheitsstatus durch denselben Sorgenden, der das Individuum in die Lage versetzt hat, Zugang zur Wahrheit zu finden – durch die Hebamme, um den Vergleich von Sokrates zu verwenden. Im Verlauf der Geschichte war es die Kirche, die diese Rolle einer universellen Fürsorge übernahm. Die Kirche organisierte den Alltag der europäischen Bevölkerung bis ins kleinste Detail mit dem Ziel, ihn auf die Kontemplation Gottes auszurichten – und sie prüfte die Ergebnisse der individuellen Kontemplation daraufhin, ob die daraus resultierende Evidenz wahr oder falsch war. Später, in der postkartesianischen Zeit, wurde die Kirche durch die wissenschaftliche Gemeinschaft ersetzt, welche die gleiche Rolle bei der Kontrolle der persönlichen Evidenz innehatte. Die Selbstsorge wurde hierbei als Fortsetzung der institutionellen Fürsorge verstanden, und die Exzentrizität der Selbstsorge blieb diesen Fürsorgeeinrichtungen unterworfen.

Um wirklich exzentrisch zu werden, muss das Subjekt der Selbstsorge auf der Gültigkeit seiner persönlichen Evidenz beharren – auch gegen das Urteil der Kirche oder der wissenschaftlichen Gemeinschaft. Für Platon konnte das Licht der Wahrheit durch die Gefangenschaft der Seele im Körper verdunkelt, aber nicht vorgetäuscht oder verfälscht werden. In der christlichen Tradition kann das Licht, das als Wahrheit erscheint, jedoch dämonisch sein – Satan wird auch Luzifer genannt. Man muss sich entscheiden – nicht zwischen Licht und Dunkelheit, sondern zwischen zwei Lichtern. Und die Entscheidung für das falsche Licht kann leicht als Triumph der Freiheit des Subjekts der Selbstsorge verstanden werden – auch wenn eine solche Wahl riskant ist und zur ewigen Verdammnis führen kann. In der Romantik waren viele Intellektuelle und Dichter bereit, sich mit Mephistopheles, dem Teufel und Satan zu identifizieren, das heißt mit allen Formen der Negation und Rebellion – nur um sich aus der schützenden Unterdrückung des institutionalisierten Christentums zu befreien. Man wandte sich von Gott ab und der Freiheit zu. Aber wie sieht es bei der Gesundheit aus? Ist die Suche nach Freiheit gut oder schlecht für unsere Gesundheit?

Man kann behaupten, dass diese Frage im Zentrum von Hegels Philosophie steht. Geschichte wird in ihr als ein Prozess der Offenbarung der Freiheit als Wesen der menschlichen Subjektivität verstanden. Die Bewegung der Geschichte folgt ihrer eigenen inneren Logik – der Logik der Offenbarung der Freiheit. Der Philosoph ist kein Lehrer, Sorgender oder Anführer, sondern ein Beobachter dieser Bewegung. Nicht anders als Platons Sokrates kann der Philosoph erkennen, wann die Suche nach Freiheit zu Ende ist, wann sie erfolgreich ist. Im Laufe der Geschichte manifestiert sich die Freiheit als Negation. Die Freiheit ist dämonisch, wenn man so will. Durch die Analyse der Historie sämtlicher Negationen von allem, was historisch etabliert und institutionalisiert war, wird die Subjektivität ihre Wahrheit erkennen. Am Ende der gewaltsamen Geschichte voller Revolutionen und Kriege wird der menschliche Geist sein eigenes Gesetz aufstellen. Dann wird die Subjektivität in ihrer eigenen Welt leben – und nicht in der Welt, die ihr von den Mächten der Vergangenheit aufgezwungen wurde.

Nicht zufällig spricht Hegel von der menschlichen Geschichte als dem Golgatha des Geistes. Die Wahrheit der Subjektivität sollte sich „phänomenologisch“ erweisen, d. h. sichtbar werden, indem sie sich im geschichtlichen Handeln manifestierte – so wie sich die göttliche Subjektivität durch den Tod Christi am Kreuz manifestiert hatte. Die menschliche Geschichte ist die Geschichte der Befreiung der Subjektivität von der Dunkelheit und Last der Dinge, wie sie sind. Das Ziel dieser Emanzipation ist es, die Subjektivität so zu manifestieren, wie sie ist, als Freiheit. Geschichte ist deshalb ein teleologischer und gesteuerter Prozess – gesteuert durch die dialektische Logik der Negation von Negation. Aber im Unterschied zur Rolle der christlichen Kirche haben wir es hier mit einer Führung ohne Schutz zu tun. Die Geschichte führt uns zur Wahrheit, aber wenn sie uns schützen würde, bekämen wir nie Zugang zu dieser Wahrheit – unsere Subjektivität würde sich nie voll entfalten. Hegel feiert den Widerstand, den Protest und die Revolte. Für ihn sind sie aber nur dann gerechtfertigt, wenn sie erfolgreich sind – und sie sind nur dann erfolgreich, wenn sie der fortschreitenden Bewegung der Geschichte entsprechen und zum richtigen historischen Zeitpunkt stattfinden. Wer aber soll entscheiden, welche historische Handlung opportun ist und welche nicht? Es ist eine Entscheidung nicht des historischen Akteurs, sondern der Geschichte selbst. Und die Evidenz dieser Entscheidung wird erst nach der Handlung deutlich, nicht vorher. Als Phänomenologe nimmt Hegel die Position eines Zuschauers der geschichtlichen Bewegung ein. Er ist kein Beobachter von Seelen, sondern ein Beobachter von Körpern in Aktion – des am Kreuz leidenden Gotteskörpers, aber auch der vom historischen Fortschritt mobilisierten Körper im Kampf um ihre Freiheit.

Hegel sah die stärkste Selbstoffenbarung der Subjektivität im Terror der Französischen Revolution. Die Universalität dieses Terrors bewies, dass die Wahrheit der Subjektivität die Freiheit ist. Dadurch wurde die Französische Revolution zur ultimativen historischen Bloßlegung menschlicher Subjektivität und gleichzeitig zum Ende der Geschichte:

„In dieser absoluten Freiheit sind also alle Stände, welche die geistigen Wesen sind, worein sich das Ganze gliedert, getilgt; das einzelne Bewußtsein, das einem solchen Gliede angehörte und in ihm wollte und vollbrachte, hat seine Schranke aufgehoben; sein Zweck ist der allgemeine Zweck, seine Sprache das allgemeine Gesetz, sein Werk das allgemeine Werk."[9]

Und weiter:

„Kein positives Werk noch Tat kann also die allgemeine Freiheit hervorbringen; es bleibt ihr nur das *negative Tun*; sie ist nur die *Furie* des Verschwindens. [...] Das einzige Werk und Tat der allgemeinen Freiheit ist daher der *Tod*, und zwar ein *Tod*, der keinen inneren Umfang und Erfüllung hat; denn was negiert wird, ist der unerfüllte Punkt des absolut freien Selbsts; er ist also der kälteste, platteste Tod, ohne mehr Bedeutung als das Durchhauen eines Kohlhaupts oder ein Schluck Wassers."[10]

Dieser Tod versetzt den Einzelnen nicht in den Himmel des Christentums – hat aber auch keinen Nutzen im Sinne der Aufklärung, da er weder Reichtum noch Ruhm bringt.

Deshalb kehren die Individuen nach der Offenbarung ihrer universellen Freiheit als universeller Terror zu ihren spezifischen Rollen, speziellen Bedingungen und begrenzten Aufgaben zurück – mit anderen Worten, sie kehren zurück in die Kultur. Es handelt sich jedoch nicht um eine einfache Rückkehr zur vorrevolutionären Kultur, welche die etablierte Ordnung verjüngen würde – und die Möglichkeit einer Wiederholung des Ausbruchs der Revolution offenließe. Der revolutionäre Terror lehrt die Individuen, die Furcht „ihres absoluten Herrn" zu empfinden.[11]

Die postrevolutionäre Furcht vor dem Tod ist also nicht dasselbe wie die vorrevolutionäre Furcht vor Gott. Das Individuum kennt nun den Tod nicht mehr als externe Gefahr, sondern als das Werk seiner eigenen Freiheit. In diesem Sinne wird die Negativität der Freiheit positiv: Das Individuum kennt nun sich selbst – und dieses Wissen wird zu seiner Essenz.[12]

Das Ende der Geschichte ist erreicht. Das historische Handeln ist sinnlos geworden. Nach der Französischen Revolution weiß jedes Individuum alles über sich selbst, was es wissen muss. Es weiß nämlich, dass es sich selbst zu fürchten hat. Die Geschichte war die Geschichte der Negation – und endete mit der Negation von Negation, mit der Rückkehr des Individuums an seinen spezifischen Ort und seiner Wiedereinschreibung in ein Regierungs- und Verwaltungssystem. Dieses Regierungssystem kann sich als Verkörperung der Freiheit darstellen, aber das ist ein falscher Anspruch:

„Dieses läßt sich dabei nicht durch die *Vorstellung* des Gehorsams unter *selbstgegebenen* Gesetzen, die ihm einen Teil zuwiesen, noch durch seine *Repräsentation* beim Gesetzgeben und allgemeinen Tun um die *Wirklichkeit* betrügen, – nicht um die Wirklichkeit, *selbst* das Gesetz zu geben und nicht ein einzelnes Werk, sondern das Allgemeine *selbst* zu vollbringen; denn wobei das Selbst nur *repräsentiert* und *vorgestellt* ist, da ist es nicht *wirklich*, wo es *vertreten* ist, ist es nicht."[13]

Der historische Augenblick der Offenbarung der Freiheit liegt hinter uns.

Der historische Mensch war gefährlich – mobilisiert durch die Geschichte und erinnert in historischen Chroniken. Die Geschichte des Menschen war eine Geschichte der Verneinung, getrieben von der Sehnsucht nach Freiheit. Zugleich war sie eine

Geschichte der Vernunft, die die Mächte, Autoritäten und Überzeugungen negierte, die irrational waren, weil deren einzige Legitimation die Tradition war, die Macht der Vergangenheit. Doch nach dem Ende der Geschichte trennten sich die Wege der Freiheit und der Vernunft. Die postrevolutionären Institutionen von Gesellschaft und Politik wurden zu vernunftbestimmten Einrichtungen – und so konnte ihre radikale Negation nur irrational und destruktiv sein. Die Vernunft fällt nun mit der Strategie der Selbsterhaltung zusammen. Als vernünftiges Wesen ist der postrevolutionäre, postgeschichtliche Mensch dazu verdammt, ein demobilisiertes, domestiziertes Wesen zu werden. Hierdurch wird klar, warum das Hegel'sche „Ende der Geschichte" spätere Generationen so sehr beunruhigte. Nach dem Ende der Geschichte verloren die Menschen die Chance, zu Helden und des historischen Gedächtnisses würdig zu werden. Die Vernunft fungierte nicht mehr als Negation der bestehenden Ordnung, sondern als Legitimation des Status quo. Ein vernünftiger Mensch zu sein, bedeutete nun, die Todesgefahr zu vermeiden sowie den gewaltsamen Tod und damit Kriege und Revolutionen zu verhindern. Es gab keine historischen Ziele mehr, für die man bereit sein sollte, das eigene Leben zu opfern. Stattdessen blieb die einzige Aktivität, die man noch ausüben konnte, die Selbsterhaltung. Der Philosoph, der zuvor als nahezu göttlicher Beobachter der Geschichte aufgetreten war, wurde zum Hüter des postgeschichtlichen Zustands. Auch hier gehörte zur Vorgehensweise des Philosophen die Anamnese, aber es war nicht die Anamnese der ewigen Wahrheit, sondern eine historische Anamnese, die die Geschichte der Illusionen und Versäumnisse der Vergangenheit erzählte. Das Ziel dieser historischen Anamnese war es, den Zuhörer oder Leser davon abzuhalten, wieder in die Fehler der

Vergangenheit zu verfallen – Fehler, die zu einem bestimmten Zeitpunkt der Geschichte Wahrheiten gewesen sein konnten, welche jedoch nach dem Ende der Geschichte irrelevant geworden waren. Man musste sich der Geschichte nunmehr nur noch deshalb erinnern, um ihre Wiederholung zu vermeiden.

Natürlich kann man immer argumentieren, dass die Geschichte der Befreiung noch nicht zu Ende ist, dass wir immer

noch konfrontiert sind mit Gewalt, Krieg, Unterdrückung und Revolutionen. Aber das ist hier nicht der Punkt. Die eigentliche Frage ist, ob nach dem Erreichen des Endes der Geschichte als Offenbarung der menschlichen Freiheit das einzige Ziel der Zivilisation die Bewahrung individueller menschlicher Körper unter dem Schutz der Gesetze bleiben würde. Die hochmobilisierten, historischen Körper des Krieges und der Revolution würden dann zu demobilisierten Körpern der Fürsorge werden. Der Geist würde sie verlassen – sie wären nicht mehr bereit, ihre Leben im Namen von zukunftsgerichteten Ideen, Projekten und Utopien aufs Spiel zu setzen, denn alle diese Ideen und Utopien wären dann in der Vergangenheit zurückgeblieben. Die Rolle der Kirche wird nun vom posthistorischen Staat übernommen, der zu einem „pastoralen" Staat geworden ist, um die Bezeichnung von Foucault zu verwenden. Das Ziel dieses Staates ist nicht die Kontemplation der Wahrheit, sondern die Gesundheit der Bevölkerung. Der absolute Herrscher des modernen, säkularen, postrevolutionären Staats ist tatsächlich der Tod. Der Staat schützt die Körper seiner Bürger vor dem selbst herbeigeführten Tod – vor der zerstörerischen Freiheit, die das Wesen ihrer Subjektivität ausmacht. Auf diese Weise verhindert der Staat, dass die Individuen die Kontrolle über den Tod übernehmen, dass sie die Herren des Todes werden – durch Verbrechen, Krieg oder Revolution. Die postgeschichtliche Gesellschaft ist die Gesellschaft des totalen Schutzes, der totalen Fürsorge. Aber diese Sorge, die den Menschen vor sich selbst bewahrt, liefert ihn dem natürlichen Tod aus. In diesem Sinne bleibt der Tod der uneingeschränkte Beherrscher des postgeschichtlichen Staates.

Dabei wird jedoch etwas übersehen: Der menschliche Körper ist nicht nur ein sozialisierter Körper, welcher der Sorge bedarf. Und mit den Tieren und Pflanzen haben die Menschen nicht nur den natürlichen Tod gemeinsam. Die Menschen teilen mit ihnen den Wechsel der Generationen, die Teilhabe an der universellen Kette von Sterbefällen und Geburten. Und die Menschen durchlaufen denselben Zyklus: Erst sind sie jung, energiegeladen und voller Wünsche, Projekte und Pläne, dann werden sie alt, schwach, enttäuscht und demotiviert – und schließlich sterben sie. Es scheint also, dass die Mobilisierung und Demobilisierung unserer Körper auf der untersten, physischen Ebene unserer Existenz stattfindet. Das sind nicht so sehr die Folgen unserer Mitwirkung an der Geschichte der politischen Kämpfe als vielmehr die Manifestationen des Lebenszyklus unserer Existenzen. Hier ist die Geschichte eindeutig zweitrangig gegenüber dem Generationswechsel.

Das bedeutet, dass das System der Sorge und des Schutzes für unsere Körper diese Körper von den universellen Strömen der Lebensenergien isoliert. In der Tat werden diese Energien durch das Fürsorgesystem unterdrückt. Das ist das Paradoxon des biopolitischen Staates: Er hat das Ziel, uns gesund zu machen, aber in Wirklichkeit macht er uns krank. Tatsächlich bedürfen nur kranke Menschen der Fürsorge. Indem er für die gesamte Bevölkerung sorgt, behandelt der biopolitische Staat alle Menschen als krank und verteilt die Fürsorge nach einem hierarchischen und abgestuften System, das den Platz der einzelnen symbolischen Körper definiert. Der symbolische Körper ist die dokumentierte, historisch objektivierte und bürokratisch situierte Seele. Bei Platon war die Seele noch im Körper gefangen. Die posthegelianischen Körper sind hingegen in ihren Seelen gefangen, die zu ihren symbolischen Körpern wurden. Nun ist es also nicht unsere geistige Freiheit, sondern unsere Gesundheit, unsere reine Lebensenergie, die uns gegen die Grenzen unserer symbolischen Körper drängt und den modernen, pastoralen, biopolitischen Staat und seine Schutzmechanismen negiert.

Kapitel 3 Große Gesundheit

Nietzsche unternahm bekanntlich die „Umwertung aller Werte" – eine intellektuelle Operation, die im Wesentlichen darin bestand, die Suche nach der Wahrheit durch den Wunsch, gesund zu werden, zu ersetzen. Diese Ersetzung war ein Akt der radikalen Demokratisierung der Philosophie. In der Tat ist nicht jeder an theoretischen Diskussionen und der Suche nach der Wahrheit interessiert, aber fast jeder möchte lieber gesund als krank sein. Die zentrale Frage ist dabei natürlich, was es bedeutet, gesund zu sein. Für Nietzsche bedeutete dies nicht nur die Anerkennung eines Körpers als gesund durch eine medizinische Untersuchung. Laut Nietzsche zeigt sich die Gesundheit in der Aggression. Hier kann man eine Analogie zum Hegel'schen Konzept der Freiheit sehen, die sich als Negation einer bestehenden Ordnung manifestiert. Aber es gibt auch einen wichtigen Unterschied – und es ist genau dieser Unterschied, der Nietzsches Gesundheitsphilosophie radikal von Hegels Freiheitsphilosophie trennt. Der gesunde Organismus ist aggressiv, weil Gesundheit Energie bedeutet – und Energie manifestiert sich im Handeln, das diesem Organismus einen Platz in der Welt verschafft. Die Gesundheit ist also aggressiv, weil sie sich selbst behauptet und danach strebt, ihre Umgebung zu beherrschen. Die Gesundheit ist aber nicht negativ, ihre Handlungen sind nicht durch Ressentiments und Protest motiviert. Daher ist die Freiheit dialektisch, die Gesundheit jedoch nicht. Die Freiheit wird erst am Ende der Geschichte bestimmend, indem sie sich negiert. Aber die Gesundheit ist bereits von Anfang an durchsetzungsstark.

Wie wir gesehen haben, ist das Wesen der reinen Freiheit tatsächlich das Nichts; ihre Erscheinungsform ist die bloße Zerstörung. Die Rückkehr zur Ordnung bedeutet die Selbstverleugnung der Freiheit – die Negation der Negation. Deshalb sah Nietzsche im Kampf um die Freiheit eine Manifestation des Nihilismus und der Dekadenz. Aggressive Gesundheit hingegen kämpft nicht für das Nichts oder für die Abwesenheit von Ordnung, sondern für die Durchsetzung einer neuen Ordnung. Das Subjekt dieses Kampfes kann die Schlacht verlieren, aber es wird nie bereit sein, eine neue Sklaverei zu akzeptieren – im Gegensatz zur posthistorischen Menschheit in Europa. Diese Vorstellung von Gesundheit könnte ein wenig zu romantisch erscheinen, aber sie ist nicht leicht zu vermeiden – sogar im engeren Kontext medizinischer Studien. So schreibt Georges Canguilhem, nachdem er verschiedene Definitionen von Gesundheit erörtert hat:

„Wenn wir nun von diesen Analysen zum konkreten Gefühl des Zustands zurückkehren, den sie zu definieren versuchen, werden wir verstehen, dass Gesundheit für den Menschen ein Gefühl von grenzenloser Sicherheit im Leben bedeutet. Das lateinische Verb *valere*, von dem das englische Nomen *value* [Wert] abgeleitet ist, bedeutet ‚gesund sein'. Gesundheit ist eine Haltung gegenüber dem Dasein, bei der man nicht nur der Besitzer oder Träger von Werten ist, sondern falls nötig auch deren Schöpfer, der Normen für das Leben aufstellt."[14]

Andererseits kann die Schwächung des Willens zur Macht krank machen. So schreibt Canguilhem weiter:

„In einer Welt, in der es Kranke gibt, nicht krank zu sein, führt auf Dauer zu Unbehagen. Und was wäre, wenn dies nicht daran läge, dass man stärker ist als die Krankheit oder stärker als die Mitmenschen, sondern einfach daran, dass man zufällig nicht betroffen ist? Und was wäre, wenn man sich am Ende, wenn man in diese Situation kommt, als genauso schwach und unvor-
bereitet erweisen würde wie die anderen, oder vielleicht sogar noch mehr als sie? Auf diese Weise entsteht im normalen Menschen eine Besorgnis bezüglich dieser Normalität, ein Bedürfnis nach Krankheit als Test der eigenen Gesundheit, das heißt, als deren Beweis, eine unbewusste Suche nach der Krankheit, eine Provokation derselben. Wenn ein normaler Mensch krank wird, schwächt dies sein biologisches Selbstvertrauen."[15]

„Normal" bedeutet hier unübersehbar „gesund".

In seinem Werk *Ecce Homo* verkündet Nietzsche sein uneingeschränktes biologisches Vertrauen in sich selbst. In diesem Sinne ist es sein wirklich modernstes Buch. Laut Nietzsche muss man „gesunde Instinkte" haben. Dann ist man in der Lage, sich so zu verhalten, dass der eigene Körper gesünder wird – und alles abzulehnen, was ihn krank macht. Deshalb besteht Nietzsche auf der Notwendigkeit, die richtige Entscheidung in Bezug auf Ernährung und Klima zu treffen. Hierzu ein langes und sehr schönes Zitat:

„Mit der Frage der Ernährung ist nächstverwandt die Frage nach *Ort* und *Klima*. Es steht niemandem frei, überall zu leben; und wer große Aufgaben zu lösen hat, die seine ganze Kraft herausfordern, hat hier sogar eine sehr enge Wahl. Der klimatische Einfluß auf den *Stoffwechsel*, seine Hemmung, seine Beschleunigung, geht so weit, daß ein Fehlgriff in Ort und Klima jemanden nicht nur seiner Aufgabe entfremden, sondern ihm dieselbe überhaupt vorenthalten kann: er bekommt sie nie zu Gesicht. Der animalische *vigor* ist nie groß genug bei ihm geworden, daß jene ins Geistigste überströmende Freiheit erreicht wird, wo jemand erkennt: *das* kann ich allein … Eine zur schlechten Gewohnheit gewordene noch so kleine Eingeweide-Trägheit genügt vollständig, um aus einem Genie etwas Mittelmäßiges, etwas ‚Deutsches', zu machen; das deutsche Klima allein ist ausreichend, um starke und selbst heroisch angelegte Eingeweide zu entmutigen. Das *tempo* des Stoffwechsels steht in einem genauen Verhältnis zur Beweglichkeit oder Lahmheit der *Füße* des Geistes; der ‚Geist' selbst ist ja nur eine Art dieses Stoffwechsels. Man stelle sich die Orte zusammen, wo es geistreiche Menschen gibt und gab, wo Witz, Raffinement, Bosheit zum Glück gehörten, wo das Genie fast notwendig sich heimisch machte: sie haben alle eine ausgezeichnet trockne Luft. Paris, die Provence, Florenz, Jerusalem, Athen – diese Namen beweisen etwas: das Genie ist *bedingt* durch trockne Luft, durch reinen Himmel, – das heißt durch rapiden Stoffwechsel, durch die Möglichkeit, große, selbst ungeheure Mengen Kraft sich immer wieder zuzuführen."[16]

Gesund zu sein bedeutet also, stark und voller Energie zu sein – und diese Energie sollte sich im Konflikt, im Krieg manifestieren:

„Ich bin meiner Art nach kriegerisch. Angreifen gehört zu meinen Instinkten. Feind sein *können*, Feind sein – das setzt vielleicht eine starke Natur voraus, jedenfalls ist es bedingt in jeder starken Natur. Sie braucht Widerstände, folglich *sucht* sie Widerstand: das *aggressive* Pathos gehört ebenso notwendig zur Stärke als das Rach- und Nachgefühl zur Schwäche."[17]

Immer wieder unterscheidet Nietzsche zwischen dem Angriff aus einer Position der Schwäche und des Ressentiments und dem Angriff als Manifestation eines Überschusses an Energie und Gesundheit. So schreibt er:

„[I]ch greife nur Dinge an, wo jedwede Personen-Differenz ausgeschlossen ist, wo jeder Hintergrund schlimmer Erfahrungen fehlt. Im Gegenteil, angreifen ist bei mir ein Beweis des Wohlwollens, unter Umständen der Dankbarkeit. Ich ehre, ich zeichne aus damit, daß ich meinen Namen mit dem einer Sache, einer Person verbinde: für oder wider – das gilt mir darin gleich. Wenn ich dem Christentum den Krieg mache, so steht dies mir zu, weil ich von dieser Seite aus keine Fatalitäten und Hemmungen erlebt habe – die ernstesten Christen sind mir immer gewogen gewesen. Ich selber, ein Gegner des Christentums *de rigueur*, bin ferne davon, es dem Einzelnen nachzutragen, was das Verhängnis von Jahrtausenden ist."[18]

Nietzsche argumentiert gegen das Christentum, weil Christus für ihn ein perfektes Beispiel für Dekadenz ist – ein Mann mit schwachem Willen, zu sensibel, zu nervös, unfähig, sich zu verteidigen oder andere anzugreifen. Von sich selbst sagt Nietzsche hingegen, er sei kein Mensch, sondern Dynamit: Die wahre Gesundheit ist explosiv, gefährlich – sie zerstört die Kultur, die sie kontrollieren will. Doch obwohl Nietzsche die herrschende Ordnung angreift, will er sie nicht verändern – ein solches Bestreben würde seinen Angriff lediglich zu einem Mittel machen, um ein bestimmtes verallgemeinertes, abstraktes Ziel zu erreichen und damit zu einem dekadenten Akt des Ressentiments. Ein authentischer Angriff ist eine Manifestation der Gesundheit und Energie des Angreifers im Hier und Jetzt. Ein solcher Angriff entspringt dem Willen zur Macht – aber verstanden als Wille, zum Gegenstand der Bewunderung zu werden und nicht zum Chef einer Regierung. Nietzsche ist nicht an ‚wirklicher Macht' interessiert, sondern an dem Ruhm, den ihm, wie er hofft, seine Angriffe gegen das Christentum und den postchristlichen Humanismus in der Zukunft einbringen werden. Tatsächlich erwartet er viel mehr Bewunderung und Anerkennung von der zukünftigen Menschheit als von seinen Zeitgenossen.

Nietzsche verkündet deshalb, er gehöre nicht der Gegenwart, sondern der Zukunft an:

„Ich selber bin noch nicht an der Zeit, einige werden posthum geboren. – Irgendwann wird man Institutionen nötig haben, in denen man lebt und lehrt, wie ich leben und lehren verstehe; vielleicht selbst, daß man dann auch eigene Lehrstühle zur Interpretation des Zarathustra errichtet. Aber es wäre ein vollkommner Widerspruch zu mir, wenn ich heute bereits *Ohren und Hände* für *meine* Wahrheiten erwartete: daß man heute nicht hört, daß man heute nicht von mir zu nehmen weiß, ist nicht nur begreiflich, es scheint mir selbst das Rechte."[19]

Um Zarathustra zu charakterisieren, sagt Nietzsche, dieser zeichne sich durch „große Gesundheit" aus. Um dieses Konzept zu erklären, zitiert Nietzsche aus seiner eigenen *Fröhlichen Wissenschaft*:

„‚Wir Neuen, Namenlosen, Schlechtverständlichen' – heißt es daselbst –, ‚wir Frühgeburten einer noch unbewiesenen Zukunft, wir bedürfen zu einem neuen Zwecke auch eines neuen Mittels, nämlich einer neuen Gesundheit, einer stärkeren gewitzteren zäheren verwegneren lustigeren, als alle Gesundheiten bisher waren.'"[20]

„Namenlos" ist hier das Schlüsselwort – dieses Konzept taucht auf, wenn Nietzsche über große Gesundheit im Zusammenhang mit poetischer Inspiration spricht:

„Mit dem geringsten Rest von Aberglauben in sich würde man in der Tat die Vorstellung, bloß Inkarnation, bloß Mundstück, bloß Medium übermächtiger Gewalten zu sein, kaum abzuweisen wissen. Der Begriff Offenbarung, in dem Sinn, daß plötzlich, mit unsäglicher Sicherheit und Feinheit, etwas *sichtbar*, hörbar wird, etwas, das einen im Tiefsten erschüttert und umwirft, beschreibt einfach den Tatbestand.“[21]

Diese Verheißungen des Neuen, Namenlosen und Unerhörten, das der Zukunft angehört, klingen etwas vage. Aber sie markieren die Geburtsstunde einer Ideologie der Kreativität, die noch immer die individuelle und gesellschaftliche Imagination unserer Zeit beherrscht. Wir alle gehen den langweiligen, monotonen, sich wiederholenden Ritualen des Alltags nach – bis der Tod dem ein Ende setzt. Wir alle verrichten die Sorgearbeit, die die gesellschaftlichen Institutionen am Laufen hält. Die Philosophie und die Kultur ganz allgemein stellten immer Versuche dar, einen Ausweg aus dieser Routine des praktischen Lebens zu finden. Von jeher diente die *vita contemplativa* als Alternative zur *vita activa*: Man entschied sich, nicht tätig zu sein, sondern nachzudenken. Nun argumentiert Nietzsche, dass nur schwache, dekadente Naturen diese Entscheidung treffen. Starke Naturen – solche, die mit großer Gesundheit ausgestattet sind – wählen das große Abenteuer. Sie vertrauen ihren Gesundheitsinstinkten und ersetzen Sorge durch Selbstsorge. Heute würden wir sagen: Sie werden kreativ. Das heißt: Sie erfinden neue Lebensformen, brechen mit Traditionen und Konventionen, entdecken neue Möglichkeiten der Existenz, neue Technik, neue Kunst, eine neue Mentalität. Sie haben nicht weniger, sondern mehr Energie und Gesundheit als die gewöhnliche Bevölkerung, die tief im praktischen Alltagsleben steckt und ihre ganze Kraft darauf verwendet, den Status quo aufrechtzuerhalten – eine Bevölkerung, die krank davon ist, Sorge zu leisten und umsorgt zu werden. Kreativität ist ein Symptom großer Gesundheit – aber sie impliziert auch die Akzeptanz des Todes. Kreativität bedeutet unter anderem, Risiken einzugehen, einschließlich des Risikos

zu sterben. Man kann sogar sagen: Kreativität ist nichts anderes als das Eingehen tödlicher Risiken. Der Wille, die Zukunft zu gestalten, setzt auch den Willen voraus, den eigenen Tod zu gestalten. Marinetti hat dies in seinem futuristischen Manifest sehr gut beschrieben: „Es gibt nichts, wofür es sich zu sterben lohnt, außer dem Verlangen, uns endlich unseres erdrückenden Mutes zu entledigen!“[22]

Die explosiven dionysischen Kräfte machen aus dem individuellen Körper eine gefährliche Bombe. Der Tod kann als die radikalste Manifestation von Erschöpfung, Energiemangel und Schwäche verstanden werden. Er kann aber auch eine Manifestation energetischen Überschusses sein, ein Zuviel anonymer Kräfte, die den Körper als etwas zu Spezielles und Begrenztes zerstören. Der Körper wird aufgelöst im universellen, unendlichen Fluss kosmischer Energie. Doch wie kann man den Unterschied zwischen dem Tod durch Erschöpfung und dem Tod durch Energieüberschuss erkennen? Im Wesentlichen ist der Tod durch Erschöpfung ein natürlicher Tod und der dionysische Tod ein gewaltsamer Tod. Der *élan vital* erzeugt einen inneren Druck, der ein Individuum in den Tod treibt – statt ihn geduldig abzuwarten. Man opfert sein Leben aus einem nichtigen Anlass, weil man sich im Moment des Opfers, im Augenblick, in dem man das Risiko eingeht, zu sterben, wahrhaft lebendig fühlt. Das

Leben wird hierbei als eine innere Erfahrung verstanden. Das authentische Lebensgefühl bietet dem Subjekt eine Evidenz, die durch kein medizinisches Wissen und keine historische Kritik relativiert werden kann. Ihre Intensität ist vergleichbar mit der Intensität der Evidenz, mit der Descartes seinen Zweifel als Beweis für seine Existenz anerkannte. Für Descartes war der Akt der Negation aller etablierten Auffassungen sowie philosophischen und wissenschaftlichen Lehren ausreichend, um seine Existenz zu bestätigen und gleichzeitig deren universellen Aspekt zu offenbaren. Nietzsche und Marinetti hingegen war diese Art von Negation bereits vertraut – sie gehörte für sie zu den Spielregeln. Wahre Verneinung musste auch Selbstverneinung sein – Negation des Individuums als Manifestation des universellen Lebens, der unendlichen kosmischen Energien und Ströme. Auch hier signalisiert die Akzeptanz des Todes den Glauben an die Teilhabe an einer Wirklichkeit, die den Tod transzendiert, die ewig ist. Doch diesmal ist diese Wirklichkeit nicht der Geist, sondern das Leben. Geist wirkt durch Negationen – und die Zahl der Negationen ist begrenzt. Im Gegensatz dazu arbeitet das Leben mit Bejahungen und Wiederholungen. Das Leben wiederholt sich – es ist die ewige Wiederkehr des Gleichen. Unsterblichkeit wird hier nicht als eine kontinuierliche Präsenz, sondern als eine Reihe von Wiederholungen gedacht: eine sehr moderne Form von Unsterblichkeit.

Die Ideologie der Kreativität bleibt jedoch historisierend. Das bedeutet nicht, dass die Geschichte immer noch als Geschichte des Fortschritts verstanden wird. Es gibt kein allgemeines, vorbestimmtes Ziel, auf das sich die Geschichte zubewegt – keine abschließende Betrachtung der Wahrheit, zu der jeder am Ende aller Tage Zugang haben wird. Die Zukunft ist ein Ergebnis kreativen Experimentierens – einer Investition des Überschusses an Gesundheit, den kreative Individuen aufgewendet haben, um sie zu gestalten. In diesem Sinne wird die Zukunft personalisiert – wie auch die Gegenwart und die Vergangenheit. Wir leben in Gebäuden, die von jemandem gebaut wurden, benutzen Maschinen, die von jemandem erfunden und konstruiert wurden, und betrachten Kunstwerke, die von jemandem geschaffen wurden. All diese Kreativen haben namenlose Energien verwendet, aber sie selbst hatten Namen. Und wir können unsere eigene Position in der Welt nicht artikulieren, ohne an diese Namen zu erinnern und sie zu verwenden. Die Ideologie der Kreativität schließt die Möglichkeit aus, sich auf den Willen Gottes oder auf den historischen Prozess des Weltgeistes zu berufen. Nietzsche sah Geschichte als „Monumentalgeschichte" – als eine Abfolge von „großen Männern", die ihre „großen Kämpfe" geführt haben. Dies mögen Auseinandersetzungen der Vergangenheit gewesen sein:

„Aber eines wird leben, das Monogramm ihres eigensten Wesens, ein Werk, eine Tat, eine seltene Erleuchtung, eine Schöpfung: es wird leben, weil keine Nachwelt es entbehren kann. In dieser verklärtesten Form ist der Ruhm doch etwas mehr als der köstlichste Bissen unserer Eigenliebe, wie ihn Schopenhauer genannt hat, es ist der Glaube an die Zusammengehörigkeit und Kontinuität des Großen aller Zeiten, es ist ein Protest gegen den Wechsel der Geschlechter und die Vergänglichkeit."[23]

Früher war es Gott, der die Einheit und Kontinuität der Zeiten garantierte. Jetzt ist es der transhistorische Ruhm der wenigen Kreativen.

Obwohl Hegels *Phänomenologie* die Geschichte als eine Geschichte von Negationen und Zerstörungen beschreibt, ist die

Phänomenologie selbst weiterhin auf die Verlässlichkeit der historischen Archive angewiesen – auf ihre Bewahrung und gute Verwaltung. Mit anderen Worten: Die Hegel'sche Dialektik ist auf die Sorgearbeit angewiesen, die sie transzendiert. Dabei geht es natürlich nicht um die medizinische Sorge für lebendige Körper, sondern um die Sorge für symbolische Körper, d. h. um alle postmortalen Dokumente, Texte, Bilder und Gegenstände, die mit dem Leben der großen Verneiner in Verbindung stehen.
Die Sammlung und Konservierung dieser symbolischen Körper ist ohne öffentliche Sorgeeinrichtungen wie Friedhöfe, Bibliotheken und Museen nicht möglich. Beim Verfassen seines historischen Narrativs stützte sich Hegel naheliegenderweise auf die bereits etablierte Unterscheidung zwischen historisch relevanten und irrelevanten symbolischen Körpern – eine Differenzierung, die von diesen Institutionen produziert worden war. Nietzsche hat ein ähnliches Geschichtsverständnis. Seine Hoffnung, sein *Zarathustra* werde noch in ferner Zukunft gelesen und studiert, zeigt seinen unerschütterlichen und wohl auch naiven Glauben an derartige Einrichtungen der öffentlichen Sorge.

Als lebendiger Körper war Nietzsche in Wirklichkeit vollkommen dekadent – er war schwach und oftmals krank. Wenn er von der explosiven Gesundheit seines Körpers sprach, meinte er deshalb damit den durch seine Bücher erweiterten leiblichen Körper. Nicht zufällig bezog er seine Werke in seine Selbstbeschreibung in *Ecce Homo* mit ein. Nietzsche sorgte für die Gesundheit seines eigenen Körpers mit dem Ziel, diesen Körper besonders explosive und somit gesunde Bücher hervorbringen zu lassen. In Bezug auf sein Buch über Zarathustra verwendet Nietzsche dasselbe Bild wie Sokrates – das Bild der Niederkunft. In ironischem Tonfall und unübersehbar in Anlehnung an Platons *Theaitetos* schreibt Nietzsche, dass er 18 Monate lang mit *Zarathustra* schwanger war: „Diese Zahl gerade von achtzehn Monaten dürfte den Gedanken nahelegen, unter Buddhisten wenigstens, daß ich im Grunde ein Elefanten-Weibchen bin.“[24] Nietzsche gebiert jedoch weder ein Menschenkind (geschweige denn einen kleinen Elefanten) noch die Wahrheit, sondern vielmehr die Figur des Übermenschen. Diese Figur ist – oder sollte es zumindest seiner Auffassung nach sein – repräsentativ für die Zukunft der gesamten Menschheit. Der Übermensch nimmt ein tödliches Risiko in Kauf, aber nicht um einer Idee willen, sondern weil er sozusagen übergesund und damit eine Verkörperung des Willens zur Macht ist. Gesundheit bedeutet Dynamik, Energie, Aggressivität. „Wahre Gesundheit“ kann nicht erreicht werden, weil es keinen perfekten, endgültigen „Zustand der Gesundheit“ gibt, sondern einen permanenten Energiefluss, der nicht innehalten kann. Das bedeutet, dass die Geschichte niemals zu einem Ende kommen kann. Der Energiefluss geht unaufhörlich weiter – und erzeugt so ständig neue Negationen beziehungsweise Schöpfungen durch übergesunde, explosive Persönlichkeiten von der Art Zarathustras.

Aber Nietzsches *Zarathustra* ist natürlich (noch) kein echter, lebendiger Körper, sondern der Körper eines Buches. Der Inhalt eines Buches kann gesund und explosiv sein, aber ein Buch als spezifischer materieller Gegenstand sollte umsorgt werden – es muss geschrieben, herausgegeben, veröffentlicht, in Bibliotheken aufbewahrt und an Universitäten gelehrt werden. Die Figur des Übermenschen kann nur als Objekt der institutionellen Fürsorge zu einem Monogramm für die zukünftige Menschheit werden. Die Lebensenergie scheint also nur ein Mittel zu sein, um historische Taten zu vollbringen und Werke zu produzieren, die in die

Geschichtsbücher eingehen können. Anders ausgedrückt: Die Explosion gesunder Energie wird hier genutzt, um einen neuen symbolischen Körper zu schaffen, der einen prestigeträchtigen Platz unter anderen symbolischen Körpern innerhalb des allgemeinen Sorgesystems einnehmen könnte. Nach dem Tod Gottes und dem Verlust des Glaubens an die Unsterblichkeit der Seele wird der künstliche, bürokratisch verwaltete symbolische Körper zur einzigen Form des Lebens nach dem Tode, die wir uns vorstellen können. Der Übermensch lehnt im Namen der großen Gesundheit jede soziale Fürsorge ab – er will gefährlich leben und ist bereit, den Selbsterhaltungstrieb aufzugeben. Auf den ersten Blick scheint der Übermensch also Selbstsorge als Kampf gegen den biopolitischen Staat zu betreiben, der seine Bevölkerung krank macht, indem er sie in eine Masse von Patienten verwandelt. In Wirklichkeit ist der Übermensch jedoch immer noch auf die institutionelle Sorge der symbolischen Körper angewiesen. Der Überschuss an Gesundheit, die Übergesundheit, bedeutet das Versprechen eines Über-Nachlebens, eines Weiterlebens nach dem Tode als Buch, als Kunstwerk, als Erinnerung an eine außergewöhnliche historische Aktion. Nietzsches große Gesundheit impliziert ein Streben nach Anerkennung und Ruhm und kann deshalb rückblickend eingeschrieben werden in das Hegel'sche Geschichtsnarrativ. Genau dies hat Alexandre Kojève in seiner *Einführung in Hegels Phänomenologie des Geistes* getan, einer Reihe von Vorlesungen, die er zwischen 1933 und 1939 in Paris hielt.

In seinen Hegel-Vorlesungen nahm Kojève für sich in Anspruch, den Gedankengang Hegels einfach in einer anderen Sprache (Französisch) und in einem anderen historischen Kontext nachzuvollziehen. In Wirklichkeit ist Kojèves philosophischer Ansatz jedoch eher nietzscheanisch als hegelianisch. Kojève interessiert sich für Geschichte, vor allem für die politische Geschichte. Aber für ihn wird die Geschichte nicht von der Vernunft oder dem Streben des Menschen nach Freiheit angetrieben, sondern vom Begehren des Individuums nach öffentlicher Anerkennung. Kojève zufolge gibt es das Begehren erster und zweiter Ordnung.

Das Begehren erster Ordnung signalisiert uns unsere Existenz in der Welt. Das ist eine deutliche Verkehrung der üblichen Bedeutung des Wortes „Begehren". Gewöhnlich wird Begehren so verstanden, dass es zur Bindung an die Dinge dieser Welt führt. Deshalb haben Philosophie und Religion seit Platon versucht, die menschliche Seele von körperlichen Begierden zu isolieren und sie zur Kontemplation ihrer selbst hinzuführen. Heute jedoch sind wir mit der Welt nicht mehr in erster Linie durch Begierden verbunden, sondern durch die Wissenschaft. Moderne Kontemplation ist Kontemplation der Welt – und nicht einer Idee oder Gottes. Für uns ist es also nicht die Ablehnung des

Begehrens, die uns den Weg zum Bewusstsein unserer selbst öffnet, sondern im Gegenteil das Aufkommen des Begehrens. Es ist das Begehren, das uns von der Welt isoliert und ihr gegenüberstellt: „Der Mensch, der kontempliert, wird von dem, was er kontempliert, ‚absorbiert'; das ‚wissende Subjekt' ‚verliert' sich in dem Objekt, das erkannt wird [...] Der Mensch, der in dem, was er betrachtet, ‚versunken' ist, kann nur durch ein Begehren ‚zu sich selbst zurückgebracht' werden; beispielsweise durch das Verlangen zu essen ... Das (menschliche) Ich ist das Ich des [...] Begehrens."[25] Mithilfe des Begehrens gelangt man von der Kontemplation zur Aktion. Diese Aktion ist immer eine „Negation". Das Ich des Begehrens ist eine Leere, die alles „Externe", „Gegebene" aufzehrt, verneint und zerstört.

Aber das Begehren erster Ordnung erzeugt nur das Gefühl des Selbst und noch nicht das Bewusstsein des Selbst. Diese Selbstwahrnehmung wird durch eine bestimmte Art des Begehrens hervorgebracht – das „anthropogene" Begehren, das nicht das Begehren nach bestimmten Dingen ist, sondern das Begehren nach dem Begehren des anderen: „Deshalb ist zum Beispiel in der Beziehung zwischen Mann und Frau das Begehren nur dann menschlich, wenn der eine nicht den Körper, sondern das Begehren des anderen begehrt." Hier wird das Begehren dialektisch. Anthropogenes Begehren ist die Negation des tierischen Begehrens – eine Negation der Negation. Es ist dieses anthropogene Begehren, das die Geschichte in Gang setzt und bewegt: „Die menschliche Geschichte ist die Geschichte des begehrten Begehrens [...] Das Bewusstsein vom Selbst, die menschliche Realität [...] sind letztendlich eine Funktion des Begehrens nach Anerkennung."[26] Kojève bezieht sich hier auf eine anfängliche Auseinandersetzung der Selbstbewusstseine, die von Hegel in seiner *Phänomenologie* beschrieben wird. Zwei Selbstbewusstseine kämpfen gegeneinander – und eines von ihnen gewinnt den Kampf. Dann hat das andere Selbstbewusstsein zwei Möglichkeiten: (1) zu sterben, oder (2) zu überleben und zu arbeiten, um die Wünsche des Siegers zu erfüllen. Wir sehen, dass sich zwei Arten von Menschen herausbilden: Herren und Knechte. Die Herren ziehen es vor, zu sterben, anstatt für andere Herren zu arbeiten – und die Knechte akzeptieren die Arbeit als ihr Schicksal. Nur das Begehren des Herren wird anerkannt. Der Knecht unterdrückt seine eigenen Wünsche, um die Wünsche des Herrn zu befriedigen. Die Arbeit, die der Knecht verrichtet, ist eine entfremdete Arbeit, die keine gesellschaftliche Anerkennung findet. Oberflächlich betrachtet ist die Geschichte die Geschichte der Herren. Sie kämpfen gegeneinander, um Anerkennung und Ruhm zu erlangen. Wenn ein Herr eine Schlacht gewinnt, nutzt er seine Position als Sieger, um seine persönlichen Wünsche zu befriedigen. Gleichzeitig wird der Herr immer abhängiger von den Knechten, die durch ihre Arbeit die Welt, in der der Herr lebt, verändern – sodass der Herr am Ende zum Gefangenen einer Welt wird, die von der Arbeit anderer, von der Arbeit der Knechte, kontrolliert wird.

Natürlich war Kojève sehr stark von Marx und dessen Verständnis des Klassenkampfes als Motor der Geschichte beeinflusst. Nach Kojève konstituieren sich die Klassen jedoch nicht durch ihr Verhältnis zum Produktionsprozess, sondern durch ihr Verhältnis zur direkten Gewalt und zur politischen Macht. Die „Herren“ sind bereit, für die Anerkennung ihrer Wünsche zu kämpfen und im Kampf zu sterben. Die „Knechte“ ziehen es vor, in Frieden zu leben – und sind deshalb dazu verdammt, für die Herren zu arbeiten. Diese Arbeit wird als Sorgearbeit aufgefasst: Die Knechte arbeiten, um die Wünsche der Oberschicht zu befriedigen, um für das Wohl der Oberschicht zu sorgen.

Aber was ist mit dem Philosophen? Die Philosophen ähneln den Herren, weil sie von dem Begehren nach Anerkennung angetrieben werden, aber gleichzeitig suchen die Philosophen die Anerkennung nicht durch den Kampf für ihre persönlichen Interessen und Wünsche, sondern indem sie der Öffentlichkeit neue Ideen über die Organisation der Gesellschaft und das Gemeinwohl unterbreiten. Die Philosophen können und sollen den Staat regieren – hier stimmt Kojève mit Platon überein. Aber Kojève glaubt nicht, dass man einem Herrn, einem König, einem Tyrannen beibringen kann, nach philosophischen Prinzipien zu regieren. Vielmehr muss der Philosoph durch eine Revolution die Macht übernehmen und zum philosophischen Tyrannen werden. Für Kojève ist der Philosoph nämlich nicht nur jemand, der philosophische Bücher schreibt und über historische Ereignisse nachdenkt, wozu auch das Ende der Geschichte gehört. Vielmehr ist der Philosoph ein Aktivist, der dafür kämpft, die Geschichte zu verändern – und das Ende der Geschichte ist genau der Moment, in dem der Philosoph die Macht übernimmt. Die Philosophie kommt also nicht erst nach dem Ereignis zum Einsatz, wie bei Hegels Eule der Weisheit, sondern geht dem historischen Ereignis voraus und löst es aus. Der Philosoph muss aufhören, sich der Kontemplation zu widmen, und stattdessen kreativ und gewalttätig werden – hier kann man den doppelten Einfluss von Marx und Nietzsche erkennen. Allerdings misstraut Kojève der Bereitschaft, dem Gemeinwohl zu dienen, als alleiniger Motivation für revolutionäres Handeln. Philosophen greifen in die Geschichte ein, weil sie vom Begehren des Begehrens angetrieben werden – vom Versprechen der Anerkennung.

Für Kojève ist auch Sokrates in erster Linie durch den Wunsch nach Anerkennung motiviert – genauso wie die Sophisten.[27] Kojève glaubt nicht, dass die Menschen durch „rationale" Diskurse überzeugt werden können, denn alle Diskurse klingen mehr oder weniger rational. Die Zuhörer und Leser werden eher von philosophischen Ideen verführt, die nicht rational klingen, sondern verrückt, noch nie da gewesen, „kreativ". Sie folgen eher der Person eines Philosophen als seinen Ideen. An verschiedenen Stellen seiner Schriften betont Kojève, dass es die Anhänger sind, die die Voraussetzungen dafür schaffen, dass ein verrückter Philosoph anerkannt wird und somit als rationaler Philosoph gilt.[28] Nur wenn Philosophen eine große Anhängerschaft gewinnen, können ihre Ideen als vernünftig und seriös genug anerkannt werden. Das bedeutet, dass Rationalität kein originäres Merkmal eines bestimmten philosophischen Diskurses ist, sondern eine Folge der Anerkennung, ein Zeichen für seinen Erfolg in der Öffentlichkeit. In dieser Hinsicht ist Kojève der beste Theoretiker für die heutige Zeit, in der die Bedeutung von Ideen an der Zahl der Menschen gemessen wird, die sie teilen oder zumindest „liken".

Den größten Erfolg erzielen Philosophen nicht, indem sie ihre Anhänger zur Kontemplation der Wahrheit anleiten, sondern wenn sie zu Anführern von Revolutionen und dann zu Herrschern von postrevolutionären Staaten werden. Der philosophische, postrevolutionäre Staat beendet die Geschichte, weil er die Teilung der Menschheit in Herren und Knechte überwindet. Der Philosoph ist kein traditioneller Herr, aber er ist auch kein Knecht. Anders als der traditionelle Herrscher arbeitet der Philosophenherrscher – aber er arbeitet, um die Gesellschaft nach seinen eigenen Ideen und Plänen zu verändern. Mit anderen Worten: Das Ende der Geschichte wird durch das Erscheinen der Figur des arbeitenden Herren markiert. Für Kojève entsprach Stalin diesem Typus des arbeitenden Tyrannen. Deshalb war er der Auffassung, die Geschichte aller Revolutionen und Kriege sei mit Stalin zu Ende gegangen, nicht mit Napoleon, wie Hegel glaubte.[29] Die Sowjetunion war für Kojève nicht nur ein Arbeiterstaat, sondern auch ein arbeitender Staat. In ihr schien die Geschichte des Klassenkampfes tatsächlich ihr Ende zu erreichen.

Kojève ist also halb Nietzscheaner, halb Hegelianer. Einerseits interpretiert er die Geschichte als eine Geschichte des Willens zur Macht, des Kampfes um Anerkennung und Prestige. In dieser Hinsicht ist Kojève Nietzsche sehr nahe. Andererseits will er, dass der Philosoph nicht nur berühmt und verehrt wird, sondern der wahre Herr ist, ein Herrscher und ein Arbeiter. Als arbeitender Herrscher sollte der Philosoph der Gesellschaft Ideen anbieten, die diese anzunehmen bereit ist und an deren Verwirklichung sie mitwirken will. Das ist natürlich eine ganz und gar nicht nietzscheanische Vorstellung vom Herrscher. Nietzsche glaubte nicht an Ideen, die man mit anderen teilen konnte. Er war an Bewunderern, aber nicht an Anhängern interessiert – während für Kojève das Problem der Gefolgschaft zentral ist. In seinem Buch über das Konzept der Autorität entwickelt Kojève eine Theorie von persönlicher Macht, die auf Popularität beruht und nicht auf den traditionellen Mechanismen der Unterdrückung oder demokratischen Strukturen der Repräsentation.[30] Aus zeitgenössischer Sicht ist dies eine Theorie dessen, was wir heutzutage „Populismus“ nennen. Für Kojève gehörte der Populismus jedoch in die historische Vergangenheit, in die Zeit der Kriege und Revolutionen. Die Zukunft sah er im Zeichen einer postpolitischen Regierung, die nicht kämpft, sondern Sorgearbeit leistet. Nach dem Ende der Geschichte verliert der Kampf um Anerkennung seine historische Relevanz. Kojève definiert den posthistorischen Zustand als „universell und homogen". In diesem Stadium wird jeder in gleichem Maße anerkannt – wodurch der Wunsch nach Anerkennung vollständig befriedigt wird. Für die Philosophen bedeutet dies, dass sie lediglich als berühmte Autoren vonseiten der *République des lettres* anerkannt werden können. Eine solche Anerkennung ist zwar schmeichelhaft, ändert aber nichts an den realen Bedingungen des gesellschaftlichen und politischen Lebens. Wahre Philosophen beenden, sobald sie politische Macht erlangt haben, den Kampf um Anerkennung und werden zu Weisen. Der Weise sorgt für die posthistorische Bevölkerung, die ihre geschichtlichen Ambitionen und damit ihre wahre Menschlichkeit verloren hat. Der Weise schützt diese Menschheit, indem er sie davor bewahrt, in die Geschichte mit all ihrer Gewalt und ihrem Leid zurückzufallen. Die posthistorische Bevölkerung ist im Grunde nur noch am Konsum interessiert – an der Befriedigung ihrer tierischen Begierden – und hat deshalb die Fähigkeit zur Kritik und Reflexion verloren. In der ersten Fassung seiner berühmten Fußnote zu seiner *Einführung* behauptet Kojève, dass der Mensch nach dem Ende der Geschichte aufhöre, sich der Natur zu widersetzen, weil der Wunsch nach Anerkennung, der den Menschen der Natur entfremdet habe, nunmehr befriedigt sei.[31] Hier bezieht sich Kojève auf Marx, der voraussagte, dass das historische Reich der Notwendigkeit, das die Menschheit in Gegnerschaft zur Natur und die Klassen in Gegnerschaft zueinander versetzt habe, durch das Reich der Freiheit abgelöst werden würde, das der Menschheit die Möglichkeit eröffnen würde, „Kunst, Liebe, Spiel usw." in Harmonie mit der Natur zu genießen.[32]

Später erkannte Kojève jedoch, dass diese idyllische Vision unter anderem impliziert, dass die posthistorische Bevölkerung ihr geschichtliches Gedächtnis verlieren würde – und sogar das Wissen um ihre eigene Posthistorizität. In einer Erweiterung einer Fußnote, die er für die zweite Auflage seiner *Einführung in die Hegel-Lektüre* verfasste, gibt Kojève seinen früheren Irrtum zu und räumt ein, dass mit dem Verschwinden des historischen Menschen auch die traditionellen Vorstellungen von Kunst, Lie-
be und Spiel obsolet werden: „Man müsste also zugeben, dass die Menschen nach dem Ende der Geschichte ihre Bauwerke und Kunstwerke errichten würden, wie die Vögel ihre Nester bauen und die Spinnen ihre Netze spinnen, dass sie ihre Musikkonzerte im Stil der Frösche und Zikaden aufführen würden, dass sie miteinander spielen würden wie die jungen Tiere und dass sie der Liebe frönen würden wie die erwachsenen Tiere."[33] Vor allem aber würde das menschliche Tier die Sprache verlieren, die das einzige Medium der Weisheit ist. „Tiere der Spezies Homo sapiens werden mit konditionierten Reflexen auf stimmliche Signale reagieren. Was verschwinden würde, [...] ist nicht nur die Philosophie oder das Streben nach diskursiver Weisheit, sondern auch diese Weisheit selbst. Denn diesen posthistorischen Tieren würde das Verständnis der Welt und des Selbst abhandenkommen."[34] Man kann sagen, dass die posthistorische Bevölkerung aus Herren besteht oder, anders ausgedrückt, aus Konsumenten, die nur deshalb arbeiten, um durch ihre Arbeit konsumieren zu können.

Nur der Weise interessiert sich weiterhin nicht für den Konsum. Er fährt fort zu arbeiten – und er arbeitet umsonst. Man kann sagen, dass der Weise eine perfekte Maschine ist, die unabhängig vom Begehren arbeitet – denn sein Begehren ist bereits erfüllt. Für Kojève ist die Tatsache, dass der Weise arbeitet, wichtiger als das Ziel seiner Arbeit. Die Arbeit wird zu einem Attribut der Macht, anstatt das Schicksal des Knechts zu sein. Und was noch wichtiger ist: Es ist keine kreative Arbeit. Der Weise ist kein kreatives Genie, sondern ein universell Sorgender. Und Sorgearbeit ist, wie schon erwähnt, eine monotone, sich wiederholende und in diesem Sinne ewige Arbeit. Der Weise ist unsterblich, wie eine Maschine unsterblich ist. Denn jede Maschine kann für eine sehr lange Zeit gut gewartet und repariert werden. Wenn eine Maschine kaputtgeht oder aufgrund von Verschleiß nicht mehr zu reparieren ist, kann sie durch genau die gleiche Maschine ersetzt werden, die die gleichen Funktionen erfüllt. Die Maschine ist unsterblich, weil sie unendlich lange austauschbar ist. Der Weise ist ebenso unendlich ersetzbar, denn jeder Weise verkörpert die gleiche Weisheit – das gleiche historische Gedächtnis. Der Weise ist eine ständig arbeitende Diskurs- und Sorgemaschine. Wenn der Weise einen Traum nach dem Vorbild Nietzsches hat, so ist es nicht ein Traum von großer Gesundheit, sondern der Traum von der ewigen Wiederkehr des Gleichen. Das Auftreten des Weisen signalisiert die Überwindung des Gegensatzes zwischen Sorge und Selbstsorge. Der Weise ist nicht an künftigem Ruhm nach seinem Tod interessiert. Er findet Befriedigung in der anonymen Sorgearbeit. Gerade diese Anonymität garantiert, dass die Sorgearbeit eine Fortsetzung in der Zukunft findet, sodass der Weise seine Existenz mit einer unendlichen Perspektive durchlebt.

Zwischen der Sichtweise Hegels und der von Kojève ist eine wichtige Verschiebung zu konstatieren, die vor allem auf den Einfluss von Marx zurückzuführen ist. Der Gegensatz zwischen Geist und Körper wird zu einem Gegensatz zwischen dem

Menschen als Maschine und dem Menschen als Tier. Dementsprechend wird das Konzept der Gesundheit ambivalent. Ein als Maschine verstandener Mensch gilt als gesund, wenn er arbeitet, wenn er funktionstüchtig ist. Das Sorgesystem verfolgt das Ziel, die Menschen gesund zu erhalten, damit sie weiter arbeiten können. Wenn ein Individuum krank wird oder stirbt, hört es auf zu arbeiten und wird durch ein ähnliches Individuum ersetzt, das in der Lage ist, die gleiche Arbeit zu verrichten. In diesem Sinne ist
der Mensch als Arbeitskraft potenziell unsterblich.

Im Falle des Menschen als Tier ist die Situation jedoch eine andere. Ein Tier hat Begierden. Sogar domestizierte, arbeitende Tiere haben Begierden. Wenn ein Tier ein Verlangen verspürt, hört es auf zu arbeiten und versucht, dieses Verlangen zu befriedigen. Das bedeutet, dass das Begehren unter diesen Umständen ungesund ist, denn bezogen auf die Arbeit hat es die gleichen Folgen wie die Krankheit oder sogar der Tod. Deshalb werden im Rahmen der technologisch geprägten Zivilisation die tierischen Begierden unterdrückt oder zumindest drastisch reduziert. Aber für ein Tier ist es gesund, Begierden zu haben und sie auszuleben – und sie zu unterdrücken ist ungesund. Grundsätzlich lässt sich argumentieren, dass die Unterdrückung von Begierden für das Individuum förderlich sein kann, da ihm dies hilft, länger zu leben. Für den Menschen als Tier sind die Langlebigkeit und das Überleben jedoch nicht die wichtigsten Faktoren. Das Individuum weiß, dass es ohnehin eines Tages sterben wird. Und es weiß, dass es als Tier nicht ersetzbar ist. Natürlich sind alle Tiere in die Abfolge von Geburten und Todesfällen eingebunden: Hierbei dominiert die Spezies über das Individuum. Aber bei den Menschen sind die Elemente ihres Begehrens häufig individuell und unwiederholbar. Die Selbstsorge kommt also wieder in

Konflikt mit dem System der Fürsorge – denn dieses kümmert sich um den Menschen als Arbeiter und nicht um den Menschen als Tier. Gesundheit beginnt dann als Intensität des Begehrens verstanden zu werden – als die Fähigkeit des begehrenden Menschen, aus dem System der Fürsorge auszubrechen und bis zum bitteren Ende für die Erfüllung seiner Wünsche zu kämpfen. Das nietzscheanische Verlangen nach zukünftiger Anerkennung kann durch das Verlangen nach anonymer Wiederholung des Gleichen transzendiert werden. Aber die Explosion der Lebenskräfte im Menschen gehört zu einer anderen, nichthistorischen Ordnung und kann nicht historisiert werden. Während der Weise zum Arbeiter geworden ist, ist das Tier im Menschen ein Herr geblieben.

In seinen philosophischen Texten, die er nach dem Zweiten Weltkrieg verfasste, wiederholt Bataille den Protest Nietzsches – aber diesmal nicht gegen Hegels historische Vernunft, sondern gegen die Dominanz der Arbeit. Das Begehren unterbricht den Arbeitsprozess genauso, wie es den Prozess der Kontemplation unterbricht. Um dasselbe Beispiel wie Kojève zu verwenden: Das Verlangen nach Nahrung und andere körperliche, tierische Begierden erzeugen ein Gefühl des Selbst – und das lenkt die Aufmerksamkeit des Arbeiters vom Arbeitsprozess auf seinen eigenen Körper.

Stellen wir uns vor, eine Maschine würde auf die gleiche Weise funktionieren. Maschinen werden schließlich nicht von irgendwelchen mystischen Energieströmen angetrieben, sondern von der Versorgung mit Öl oder Strom. Stellen wir uns vor, dass die Maschinen, wenn diese Zufuhr abgeschaltet würde, das Verlangen nach Öl oder Strom verspürten und versuchten, ihren Nachschub zu erneuern – wie es ein Arbeiter auf der Suche nach Nahrung tun würde. In diesem Fall würden sich die Maschinen tatsächlich wie Tiere verhalten. Die Begierde würde sie veranlassen, für ihr eigenes Überleben und Wohlergehen zu sorgen. Bei Maschinen, wie wir sie kennen, geschieht dies jedoch nicht. Maschinen sorgen sich nicht um ihr Überleben. Tiere und Menschen hingegen schon.

Für Bataille ist der Wunsch, die eigene Energie zu erneuern, um weiterarbeiten zu können, nicht ausreichend. Er interessiert sich für ein Begehren, das uns völlig entfunktionalisieren würde. Als ehemaliger Schüler von Kojève folgt Bataille in seinem Denken dem ursprünglichen Gegensatz zwischen Herren und

Knechten. Kojève hatte argumentiert, dass man ein Herr bleiben würde, wenn man nach einer Niederlage im Kampf um Anerkennung lieber sterben würde, als für den Sieger zu arbeiten. Ein glorreicher Tod macht einen nicht weniger zum Herren als der Sieg. Bataille war der Auffassung, dass nach dem Zusammenbruch des Ancien Régime und der Demokratisierung der Gesellschaft ein Sieg im Kampf um Anerkennung unmöglich geworden war. Aber die Option der glorreichen Selbstzerstörung war weiterhin verfügbar. Die Verweigerung der Arbeit kann als Zeichen von Schwäche, von Krankheit oder eines Mangels an Kraft und Disziplin gewertet werden. In diesem Fall verbleiben die Arbeiter innerhalb des Systems der sozialen Kontrolle, das entweder versucht, ihre Arbeitsfähigkeit wiederherzustellen oder sie der Fürsorge von Wohlfahrtseinrichtungen anzuvertrauen. Man kann die Arbeit andererseits auch ablehnen, weil man einen Überschuss an Energie, an vitalen Kräften hat, die vom Arbeitsprozess nicht absorbiert werden können. Dieses Zuviel an Energie treibt einen zur Revolte gegen die Routine der Arbeit und das System der Fürsorge.

Nietzsche glaubte, dass dieser Energieüberschuss aus dem eigenen Körper kommen muss, wenn dieser sich durch große Gesundheit auszeichnet. Laut Bataille kommt die überschüssige Energie jedoch von außen – von der kosmischen Energie, die auf

der Oberfläche der Erde zirkuliert.[35] Die kosmischen Energien werden hierbei als wichtigste Sorgeinstanz des irdischen Lebens verstanden, deren Verfügbarkeit dieses Leben überhaupt erst ermöglicht. Allerdings ist der Kosmos ein zu großzügiger Fürsorger. Er schickt zu viel Energie zur Erde, sodass nicht alles davon durch Arbeit aufgenommen und verbraucht werden kann. Dieser Überschuss an Energie – der „verfemte Teil", wie Bataille es nennt – kann und soll nicht allein durch den Arbeitsprozess,
sondern vielmehr durch Zerstörung und Selbstzerstörung aufgebraucht werden. Durch den zusätzlichen Zustrom nichtmenschlicher Lebensenergien wird die große Gesundheit so zu einer Art von Infektion. Nietzsches Unterscheidung zwischen großer Gesundheit und Dekadenz wird dadurch hinfällig, denn beide werden zu Manifestationen des Exzesses, einschließlich des übermäßigen Konsums und der unproduktiven Energieverschwendung. Bataille entwickelt daraus den Diskurs über die „allgemeine Ökonomie" – eine Wirtschaftstheorie, die nicht nur Arbeit, Produktion und Zuwachs berücksichtigt, sondern auch Konsum, Luxus und Verschwendung. Bataille war natürlich nicht der erste Autor, der versuchte, den Bereich der Ökonomie zu erweitern, indem er nicht nur den durch Arbeit und Akkumulation produzierten Wert berücksichtigte, sondern auch den aus Verlust und Zerstörung resultierenden.

Batailles Theorie der allgemeinen Ökonomie basiert in vielerlei Hinsicht auf Marcel Mauss' Theorie des symbolischen Austauschs, die dieser in seinem Essay *Die Gabe* entwickelt hat.[36] Wenngleich sich die Überlegungen von Mauss auf den ersten Blick auf die Beschreibung und Analyse des Gabentauschs in den sogenannten primitiven Kulturen konzentrieren, besteht ihr eigentliches Ziel darin, zu zeigen, dass die Logik des symbolischen Tauschs auch in der Neuzeit noch gültig ist. In unserer Gesellschaft fühlen wir uns beispielsweise verpflichtet, eine Gegenleistung zu erbringen, wenn wir ein Geschenk erhalten. Wenn wir dazu nicht in der Lage sind, akzeptieren wir, dass der Geber einen höheren sozialen Status hat als wir. Für den Geber ist das Geschenk ein Verlust, aber auch eine Form des Angriffs auf den Empfänger. Das Gegengeschenk ist ein Gegenangriff. Das gilt auch für das religiöse Opfer oder die Wohltätigkeit: Je großzügiger der Geber ist, einen umso höheren sozialen Status erhält er dadurch. Das Schenken ist also eine Form der Aggression, eine Manifestation des Willens zur Macht. Es ist wichtig zu beachten, dass der Wert des Geschenks nichts mit der Nützlichkeit dieses Geschenks für den Empfänger zu tun hat. Der Akt des Schenkens hat einen eigenen symbolischen Wert, der von der Gesellschaft in verbindlicher Weise anerkannt wird.

Der entscheidende Beleg für diese These ist der Brauch des Potlatch, der vor allem von den indianischen Völkern Nordamerikas praktiziert wurde, aber auch weltweit an anderen Orten zu finden ist. Potlatch ist ein Wettbewerb in der Zerstörung des eigenen Reichtums: Die konkurrierenden Stämme verbrennen ihre Häuser und Felder, töten Haustiere und Sklaven. Der Stamm, der den meisten Reichtum vernichtet hat, erhält den höchsten Rang für die Zeit bis zum neuen Potlatch.[37] Mauss beschreibt die Gesetze des symbolischen Austauschs von Gaben, denen alle Gesellschaften, auch die modernen, unterworfen sind. Unter dem Begriff „Gesetz“ versteht Mauss eine bestimmte soziale Konvention – auch wenn er der Meinung ist, dass diese Konvention universelle Gültigkeit besitzt und die Gesamtheit der Wirtschaft regelt, von der die Finanzwirtschaft bzw. der Markt nur ein Teil ist. Bataille hingegen interpretiert die Gesetze der symbolischen

Ökonomie als quasi natürliche Gesetze, denen die Menschen nicht entkommen können.

Die von der Sonne ausgestrahlte Energiemenge kann nämlich als ein Geschenk an die Menschheit betrachtet werden, das erwidert werden sollte. Die Menschheit ist jedoch nicht in der Lage, sich zu revanchieren – ein Gegengeschenk zu schaffen, das der Sonne gegeben werden könnte. Ikarus hat es versucht und ist gescheitert. Deshalb stellt der Potlatch die einzig mögliche Antwort dar: Die Menschen praktizieren (Selbst-)Zerstörung, um den Überschuss an Energie, den sie von der Sonne erhalten haben, auszugleichen. Wie bereits von mir angemerkt wurde, sind die Menschen in jedem Fall dem Untergang geweiht: Selbst dann, wenn sie ihren eigenen Reichtum nicht freiwillig und glorreich zerstören, wird er auf katastrophale Weise vernichtet – durch Wirtschaftskrisen, Kriege und Revolutionen. Mit anderen Worten: Dank der Sonne kommt die Geschichte der Menschheit nie zu einem Ende. Indem sie mehr Energie aussendet, als durch friedliche Arbeit absorbiert werden kann, provoziert sie die Gewalt und die Gegengewalt, die die Geschichte unaufhörlich vorantreiben. Diese Bewegung hat kein Ziel, aber sie hat eine Ursache. Diese Ursache ist nicht nur das Geschenk der Sonne, sondern auch der Ehrgeiz der Individuen, die souveräne Subjekte werden wollen und von der Gesellschaft als solche anerkannt werden wollen. Diese Individuen ziehen es vor, ihr Leben auf glorreiche Weise zu verbringen und der Sonne gegenüber Subjekte des Potlatch zu werden, anstatt ihr passiv zum Opfer zu fallen.

Laut Bataille leidet die bürgerliche Gesellschaft unter einer bestimmten Verwirrung. Einerseits respektiert diese Gesellschaft die Arbeit und die Anstrengung, die man auf sich nimmt, um größeren Reichtum und einen höheren sozialen Rang zu erreichen. Andererseits lebt die bürgerliche Gesellschaft kulturell immer noch im Schatten ihrer feudalen, von einem Herrscher dominierten Vergangenheit. Das bourgeoise Subjekt ist halb Tier und halb Maschine. Batailles Konzept der Souveränität ist ebenfalls widersprüchlich. Einerseits erwartet er, Kojève folgend, vom Kommunismus die Etablierung einer neuen Souveränität – der

Souveränität der Arbeit. So schreibt er: „Heute lebt die Souveränität nur noch in der Perspektive des Kommunismus weiter“[38], wo sie die Form des „souveränen Verzichts auf die Souveränität“ annimmt.[39] Für diese neue Art von Souveränität ist wiederum Stalin paradigmatisch, denn er versagt sich das Vergnügen, den Müßiggang und die Befriedigung seiner persönlichen Wünsche, um der Idee des Kommunismus zu dienen.[40] Die kommunistische Souveränität ist die Souveränität eines Menschen, der beschlossen hat, eine Maschine zu werden – die tierische Hälfte der menschlichen Natur zu verwerfen.

Aber Bataille nennt die kommunistische Souveränität eine „negative Souveränität“. Er zieht ganz offensichtlich die entgegengesetzte, positive Option zur Erreichung der Souveränität vor: die Ablehnung der Arbeit. Wenn der Mensch die Arbeit verweigert, hört er auf, eine Maschine zu sein, und wird zu einem Tier, einer Bestie. Souveränität ist gleichbedeutend mit Animalität: „Der souveräne Mensch lebt und stirbt wie ein Tier. Aber er ist trotzdem ein Mensch.“[41] Das ist die alte Feudalherrschaft, jedoch völlig entchristlicht. In der wirklichen, vorbürgerlichen christlichen Welt war sogar ein König ein Sklave Gottes. Aber Bataille stellt sich den Feudalherrn als kopflos vor, als *„acéphale“* (um den Titel der berühmten Zeitschrift zu zitieren, die Bataille von 1936 bis 1939 herausgab), wobei dieser anonyme, ‚namenlose‘ und übermenschliche Lebenskräfte aufwies. Dazu passend trägt Batailles Grab keinen Namen. Es befindet sich auf dem Friedhof von Vézelay unterhalb eines Hügels, auf dessen Spitze man eine majestätische Kathedrale bewundern kann, die den Ort markiert, von dem der zweite und der dritte Kreuzzug ihren Ausgang nahmen.

Bataille spricht oft über den Tod und tut dies auf sehr materialistische Weise – für ihn ist der Tod keineswegs das Nichts, sondern ein sich zersetzender Leichnam. Dieser Kadaver, zusammen mit den Körperfunktionen der Sexualität, des Stuhlgangs, des Urinierens und des Erbrechens, stellt die andere Seite des ‚normalen Körpers‘ dar, der von unserer Zivilisation als bloßes Werkzeug für eine bestimmte Art von Arbeit geformt und reglementiert wird.[42] In diesem Sinne ist der Tod der wichtigste Beweis dafür, dass wir nicht nur Arbeitsmittel sind. Das Streben nach Souveränität verwandelt das passive Sterben in aktives Töten. Der Souverän ist ein Mörder. Bataille schreibt über den natürlichen Tod, auf den man passiv wartet:

„Aber jenseits dieser passiven Verneinung ist die aktive Rebellion leicht durchführbar und muss zwangsläufig am Schluss erfolgen: Derjenige, den die Welt der Nützlichkeit auf den Status eines Dings reduziert hat, das nicht dem Tod unterliegt, folglich auch nicht getötet werden kann, fordert letzten Endes die Übertretung des Verbots, das er akzeptiert hatte. Indem er tötet, entkommt er dann der nun von ihm abgelehnten Unterwerfung, und er entledigt sich gewaltsam der Erscheinungsform eines Werkzeugs oder eines Dings, die er nur vorübergehend angenommen hatte. Um diesen Preis wird ihm die souveräne Existenz zurückgegeben, der souveräne Augenblick, der die *alleinige* Rechtfertigung für die bedingte und zeitweilige Unterwerfung unter die Notwendigkeit darstellt. [...] Wenn die souveräne oder heilige Welt, die der Welt der Praxis gegenübersteht, tatsächlich die Domäne des Todes ist, dann ist es zumindest nicht die der Verzagtheit. Aus der Sicht des souveränen Menschen gehören die Mutlosigkeit und die Furcht vor dem Tod zur Welt der Praxis, d. h. der Unterordnung. Letztere wurzelt in der Tat immer in der Notwendigkeit; die Unterordnung beruht immer auf dem

angeblichen Zwang, den Tod zu vermeiden."[43]

Zweifellos hat Bataille hier den zentralen Aspekt der neuzeitlichen und zeitgenössischen Kultur erkannt. Der wichtigste Held dieser Kultur ist ein Verbrecher, ein Mörder. Die Kriminalerzählung ist das einzige zeitgenössische Narrativ, das die kollektive Vorstellungskraft zu fesseln vermag. Egal, ob es sich um einen Roman oder einen Film handelt, hat nur ein Krimi einen echten kommerziellen Erfolg. Unter der Herrschaft des Gesetzes wird der Souverän (der König des Ancien Régime) zu einem Gesetzlosen. Als solcher ist er wirklich souverän und sogar heilig, weil er nicht das (gewöhnliche) Leben, sondern den Tod repräsentiert, in einer Gesellschaft, für die der Tod der absolute Herr ist. Den Tod zu repräsentieren bedeutet jedoch nicht, diesen für irgendeinen praktischen Zweck zu nutzen: Das Souveräne und das Sakrale werden von Bataille im Gegensatz zur Nützlichkeit definiert. Man sollte also nur töten, um die Gesetze zu verletzen – und nicht, um bestimmte Ziele zu erreichen, die den Mörder in die profane Welt der Nützlichkeit zurückversetzen würden. Natürlich sind solche Mörder, die nur töten, um souverän und vielleicht sogar heilig zu werden, selten zu finden (vor allem in den Romanen Dostojewskis). In den meisten Krimis haben die Mörder praktische Ziele wie Geld oder Rache. Ihre Souveränität wird jedoch in der Regel von den Autoren bewahrt, weil die Mörder ihr Ziel meist nicht erreichen und so vor der Gefahr verschont bleiben, gewöhnlich zu werden. Doch was sagt dieser Gegensatz zwischen Utilitarist und Souverän, zwischen Maschine und Tier, über unsere Gesundheit aus? Offenbar sind beide Pole dieser Opposition für uns ungesund. Arbeit führt zu Erschöpfung und Depressionen. Auch das Töten kann nicht als vollkommen gesunder Akt bezeichnet werden. Die gelegentliche Begegnung mit verwesenden Leichen, Fäkalien und Erbrochenem kann zu weiteren Infektionen führen. Allerdings hört die Infektion hier auf, in striktem Gegensatz zur Gesundheit zu stehen. Denn ab dem Zeitpunkt, an dem die große Gesundheit als Infektion im Sinne anregender und zugleich zerstörerischer Energie verstanden wird, wird die Infektion als Quelle der Kreativität anerkannt. Man muss infiziert sein, um kreativ zu werden. In der heutigen Gesellschaft mit ihrem Kreativitätskult nimmt die Selbstsorge leicht die Form der Selbstinfektion an, einschließlich der Einnahme von Drogen. Man sollte nicht vergessen, dass der Gebrauch von Drogen zum Beispiel ein integraler Bestandteil der sakralen Rituale der Azteken war, die Bataille so faszinierten.

Die Infektion, von der wir hier sprechen, ist also weniger eine biologische als eine kulturelle Infektion. Die Fürsorgegesellschaft bewahrt die Erinnerung an die alten Gewohnheiten, Rituale und Bräuche. Diese Rituale und Gewohnheiten passen nicht unbedingt in die vernunftgesteuerte neuzeitliche und zeitgenössische Lebensweise. Daraus ergibt sich der Zustand der Verwirrung, von dem Bataille spricht, und dieser eröffnet die Möglichkeit von Wiederbelebungen und Re-Inszenierungen der Vergangenheit. Wie bereits erwähnt, lässt sich der Wille zum Exzess und zur gefährlichen Selbstzerstörung nicht nur durch eine Revolte des Tieres im Menschen erklären, sondern auch durch die Nachahmung vormoderner Verhaltensmuster, die in der Struktur des modernen Gesellschaftslebens fortbestehen. Diese Muster werden auch durch historische Chroniken und anthropologische Forschungen bekannt. Das zeigt, dass die Gefährdung der eigenen Gesundheit nicht unbedingt als Angriff der vitalen Energien und Kräfte auf die herrschende Kultur gedeutet werden sollte. Vielmehr ist der Konflikt zwischen aggressiver Selbstbehauptung und institutioneller Fürsorge das grundlegende Merkmal dieser Kultur selbst. Jeder Mensch ist in diesem Konflikt gefangen und muss sich für eine der beiden Seiten entscheiden – oder versuchen, einen Mittelweg zwischen ihnen zu finden.

Kapitel 6

Das infektiöse Heilige

In seinem Buch *Der Mensch und das Heilige* behandelt Roger Caillois das Sakrale und das Infektiöse als Synonyme. Er schreibt, dass im antiken Rom das Wort „*sacer*" das bedeutet habe, „was nicht berührt werden kann, ohne entweiht zu werden"[44]. Die traditionelle Gesellschaftsordnung unterschied zwischen dem profanen Raum des normalen praktischen Lebens und dem heiligen Raum, in dem die Kräfte des Magischen und Wunderbaren herrschten. Ein ungeregelter Kontakt zwischen dem Profanen und dem Sakralen konnte dazu führen, dass beide verunreinigt wurden.

Das Heilige ist faszinierend und gefährlich zugleich. Und es hat nichts mit einer moralischen Unterscheidung zwischen Gut und Böse zu tun. „Das *fascinans* entspricht den berauschenden Eigenschaften des Heiligen, des dionysischen Taumels, der Ekstase, der Einheit der Verzückung [...]. Analog dazu ruft das Dämonische, das sich am Gegenpol des Heiligen befindet und dessen schreckliche und gefährliche Eigenschaften teilt, seinerseits ebenso irrationale Gefühle hervor, die dem Eigeninteresse zuwiderlaufen."[45] Aus diesem Grund musste das profane Subjekt in den traditionellen Kulturen alle möglichen Vorsichtsmaßnahmen ergreifen, wozu das Fasten oder rituelle Bäder gehörten, um eine Ansteckung durch den Kontakt mit dem Heiligen zu vermeiden.

In denselben Kulturen sind die Beziehungen zwischen den Geschlechtern sowie zwischen Herren und Dienern streng geregelt. Caillois betont die Tatsache, dass in traditionellen Kulturen Machtverhältnisse im Allgemeinen als selbstverständlich akzeptiert werden: „Um welche Art von Macht es sich auch handelt – zivile, militärische oder religiöse –, ist diese immer nur eine Folge der Einwilligung.“[46] Natürlich ändern sich diese Verhältnisse im Laufe der Zeit, aber nicht aufgrund einer hinzugewonnenen Einsicht, einer kritischen Analyse oder einer rationalen Sozialreform, sondern durch einen langsamen, aber unausweichlichen Energieverlust, der die alte Ordnung zusammenbrechen lässt.[47] Dieser Zusammenbruch schwächt die Schutzmechanismen und führt zu einem massiven Einströmen von sakralen Energien in die Gesellschaft. Der Zustrom nimmt die Form einer totalen Infizierung und Berauschung an, die die Gesellschaft ins Chaos stürzen. Die Arbeit wird eingestellt, die Ekstase beginnt. Es herrscht Unordnung und die Gesellschaft kehrt zum Nullpunkt zurück, zu ihrem Ursprung. Infolgedessen wird die Gesellschaft durch „schöpferische Kraft“ und den „Jungbrunnen“ neu belebt: „die Neu-Inszenierung der kreativen Periode“ beginnt.[48] „Das schöpferische Ritual gemäß der Überlieferung, das allein zum Erfolg führen kann, wird wiederholt. Schauspieler ahmen die Heldentaten und Gesten nach. Sie tragen Masken, die sie mit bestimmten Vorfahren identifizieren.“[49] Die profane Arbeit wird hierbei als Ausdruck einer passiven Existenzweise verstanden, die von Weisheit, Furcht vor dem Tod, Zaghaftigkeit und Kontemplation geprägt ist. Das Heilige hingegen ist kühn und kreativ: „Ein derartiger Antagonismus zwischen Weisheit und Kühnheit, zwischen dem Wunsch nach Ruhe und dem Geist des Abenteuers, scheint der Aspekt der kollektiven Existenz zu sein, der sich am deutlichsten auf die Form auswirkt, in der das Individuum das Heilige interpretiert."[50]

Diese Passage, die sich auf Nietzsches Feier der Kühnheit und des Abenteuers bezieht, zeigt, dass Caillois, ähnlich wie Mauss, viel weniger an den traditionellen Kulturen als an seiner eigenen Kultur interessiert ist – vor allem bezüglich der Entscheidung zwischen regulärer Arbeit auf der einen Seite und Festivitäten, Gewalt und Krieg auf der anderen. Für Caillois haben die Epoche der Aufklärung und die Vorherrschaft des wissenschaftlichen Denkens in den modernen Gesellschaften das Heilige nicht abgeschafft, sondern stattdessen wurden aufgrund einer tief greifenden Unzufriedenheit diese Gesellschaften mit dem Sakralen infiziert: „Die Stabilität wird nicht mehr als höchstes Gut angesehen, und auch Mäßigung, Besonnenheit oder Anpassung an die Gepflogenheiten zählen nicht mehr zu den höchsten Tugenden. Sicherheit, Komfort, ein guter Ruf und Ehre gelten nicht mehr als die erstrebenswertesten Vorzüge."[51] Das moderne Individuum verliert die Geduld, es kann nicht mehr ein Leben führen, das sich auf das Warten auf den natürlichen Tod beschränkt. Wenn es nun die Wahl hat zwischen der sakralen Flamme und der profanen Fäulnis, wählt es die Flamme. Und dies ist nicht nur eine individuelle, sondern auch eine kollektive Entscheidung. In der Moderne wird das Heilige nicht nur von Individuen verinnerlicht, die mit der Eintönigkeit ihrer Leben unzufrieden sind, sondern bringt auch das Phänomen des modernen Krieges hervor. Wie das alte sakrale Fest ist der Krieg eine Manifestation der Zerstörungswut, die die gesamte Gesellschaft erfasst. Doch während das traditionelle Fest das Gleichgewicht zwischen

Destruktion und Erneuerung aufrechterhielt, ist der moderne Krieg in der Lage, Zerstörungskräfte freizusetzen, die die gesamte Menschheit vernichten können. Am Ende des Buches erörtert Caillois die Möglichkeit einer Auslöschung allen Lebens durch den kommenden totalen Krieg. Die einzige Möglichkeit, dies zu verhindern, scheint eine Rückkehr zum alten System von Regeln und Ritualen zu sein, das die profane Sphäre vor einer tödlichen Infektion durch das Heilige schützte. Die Überlegungen von Bataille und Caillois sind sich in vielerlei Hinsicht ähnlich. Doch während Bataille zu einer Begegnung mit dem ultimativen Anderen aufruft, das sich als verwesender Leichnam zeigt, rät uns Caillois, diesen Kontakt bestimmten Schutzmaßnahmen zu unterwerfen – um eine totale Ansteckung und den Tod alles Lebendigen zu vermeiden.

Kapitel 7 Das Volk als Fürsorger

Auf unterschiedliche Weise suchten alle bisher hier besprochenen Autoren nach einem direkten, unvermittelten Zugang zur Gesamtheit der Welt, zum Universum, zum Sein. Wer einen derartigen Zugang zu den Mächten und Kräften hat, die die ganze Welt regieren, ist nicht mehr abhängig von den Sorgeeinrichtungen und kann Selbstsorge betreiben. Denn diese Institutionen stellen nur einen kleinen Teil des Universums dar. So kann man dann eine Metaposition ihnen gegenüber einnehmen und ihre Aktivitäten beurteilen, anstatt von ihnen beurteilt zu werden. Mit anderen Worten: Man kann das Wissen aus der Position des Nichtwissens heraus beurteilen.

Die Überwindung des institutionellen Rahmens der Fürsorge ist verführerisch, weil sie das Versprechen enthält, von der Arbeit entlastet zu werden und dadurch wirklich gesund zu werden. Denn das Leben in den Sorgestrukturen bedeutet auch, für sie zu arbeiten. Und für sie zu arbeiten heißt nicht nur, den eigenen Beruf auszuüben, sondern auch viel Mühe zu investieren, um Karriere zu machen und um einen besseren Zugang und größere Macht innerhalb der institutionellen Hierarchien zu erhalten. Es handelt sich um eine anstrengende Art von Arbeit. In diesem Sinne ist die Bemühung um eine Metaposition eng verbunden mit dem Streben nach einer besseren Gesundheit. Aber inwieweit haben sich die verschiedenen Strategien für diese ontologische Suche als gut für unsere Gesundheit erwiesen? Auf etwas paradoxe Weise kann man sagen, dass die platonische Vernunftontologie am vorteilhaftesten für unsere Gesundheit ist. Denn die Kontemplation des Logos ist nicht dringlich, erzeugt keinen Zeitdruck, keinen Stress, keine Hysterie in Bezug auf das Zeitfenster der passenden Gelegenheit, das sich im nächsten Moment zu schließen droht. Und genau dieses Gefühl der Dringlichkeit ist schlecht für unser Herz, unseren Stoffwechsel und unser Gefäßsystem.

Natürlich wurde dem Platonismus und später dem Christentum und dem Buddhismus vorgeworfen, den Körper samt dessen Bedürfnissen und Begierden zu verachten und nicht zu respektieren. Man hat jedoch den Eindruck, dass die christlichen und buddhistischen Mönche bei relativ guter Gesundheit waren. Die Lage änderte sich, als die Kontemplation der Wahrheit durch die Mobilisierung für kreative Arbeit ersetzt wurde. Nicht die Ewigkeit, sondern die Zukunft wurde zum privilegierten meta-institutionellen Ort. Das Individuum sollte nunmehr alle Regeln der Einrichtungen brechen, alle traditionellen Konventionen untergraben und dabei etwas radikal Neues schaffen. Es war nicht klar – und konnte auch per Definition nicht klar sein –, was dieses Neue sein sollte, aber es musste anders sein als alles, was vorher da war. Hegel verstand die Arbeit für den Fortschritt als eine Arbeit der Negation. Im Rahmen der dialektischen Logik Hegels entstand das Neue als Nebeneffekt der Negation des Alten und nicht als Ziel an sich. Deshalb musste die Produktion des Neuen ihren Abschluss finden in der Negation der Negation – im Ende der Geschichte.

Nietzsche hat den Willen zur Macht als den ewigen Motor des Fortschritts empfohlen. Der Wille zur Macht erzeugt keine Negationen, sondern Unterschiede, neue Möglichkeiten der menschlichen Existenz. Laut Nietzsche ist der Wille zur Macht ein Abenteuer – eine Segeltour in das offene Meer des Unbekannten. Dadurch wird der Wille zur Macht in die Lage versetzt, die bekannte Geschichte aus der Perspektive der unbekannten Zukunft zu beurteilen, die dieser Wille gerade erschafft. Wie Deleuze in seinem Buch über Nietzsche zu Recht sagt: „Neue Werte ergeben sich aus der Bejahung: Werte, die bisher unbekannt waren, das heißt bis zu dem Zeitpunkt, an dem der Gesetzgeber an die Stelle des ‚Gelehrten' tritt, *die Schöpfung das eigentliche Wissen ersetzt* und die Bejahung den Platz aller Verneinungen einnimmt."[52]

Was aber geschieht mit unseren Körpern als Folge ihrer Mobilisierung durch den Willen zur Macht? Natürlich soll der neue, kreative Mensch, genauer gesagt der Übermensch, die „große Gesundheit" besitzen, die es ihm erlaubt, alle Schwierigkeiten zu überstehen und dabei gesund zu bleiben. Der Durchschnittsmensch hat diese Art von Gesundheit jedoch nur für einen kurzen Zeitraum – während er noch jung ist. Die Feier des Begehrens, des Willens zur Macht und der vitalen Energien führt zur Verherrlichung der Jugend. Aber diese währt nicht lange – in der Zukunft wartet kein schöpferisches Abenteuer, sondern die Krankheiten des Alters. Der vitalistische Diskurs der Bejahung verwandelt die Geschichte in die ewige Wiederkehr des Wechsels der Generationen. Die kreativen Projekte, die eine Generation inspiriert haben, werden von der nächsten Generation aufgegeben und vergessen. Infolgedessen bleiben all diese Projekte unverwirklicht. Natürlich leben verschiedene Generationen andersartige Leben. Aber sie unterscheiden sich nicht aufgrund des affirmativen Willens zur Differenz, der die Körper dieser Generationen innerlich mobilisiert. Tatsächlich passt jede neue Generation ihren Lebensstil lediglich an die vorherrschenden technologischen Bedingungen an. Der Wandel geht nicht von den Menschen aus, sondern wird ihnen durch die technologischen Entwicklungen aufgezwungen.

Die Arbeit bringt neue Technologien hervor und verändert auf diese Weise die Welt, in der wir leben. Die Welt wird stärker durch die Arbeit der Knechte umgestaltet als durch die politischen Kämpfe der Herren. Am Ende der Geschichte sind die Herren nunmehr völlig gefangen in der Welt, die die Knechte für sie errichtet haben – in der Welt der Industrie. Deshalb inszeniert Nietzsches Wille zur Macht einen Aufstand der Herren gegen die Übermacht der knechtischen Mentalität und Moral. Der Wille zur Macht verlagert sich von der Gegenwart in die Zukunft. Die ehemaligen Herren werden zu den Kreativen, die die Zukunft beherrschen – da sie nicht dazu in der Lage sind, dies in der Gegenwart zu tun. Sie schaffen die symbolischen Körper, die dazu bestimmt sind, Tausende von Jahren zu überdauern – nicht anders als die ägyptischen Pyramiden. Das ist der Hauptunterschied zwischen den Kreativen und den gewöhnlichen Arbeitern, die arbeiten, um zu leben, und leben, um zu arbeiten. Die Kreativen hingegen interessieren sich mehr für das Leben nach dem Tod als für die gegenwärtige Existenz. Das ist der eigentliche Ursprung des Konzepts der „großen Gesundheit". Der Kreative benötigt große Gesundheit für eine im Vergleich zum gewöhnlichen Arbeiter erhöhte Anstrengung, um die zusätzliche Sonnenenergie, die alte Magie und die ekstatischen Kräfte zu mobilisieren, die in die Zukunft projiziert werden sollen. Doch sogar ein

Übermensch kann die Zukunft nicht kontrollieren. Diese wird stattdessen gesteuert von staatlichen Institutionen und großen Konzernen mit ihren langfristigen Investitionen und Planungen. Das Individuum kann mit diesen Ungetümen nicht konkurrieren, ohne seiner Gesundheit schweren Schaden zuzufügen. Wenn es um die Gesundheit geht, scheint die Zukunft also kein guter Ersatz für die Ewigkeit zu sein.

Diesbezüglich ist es interessant, die Ausführungen von Bataille und Caillois genauer zu betrachten. Einerseits klingen sie vollkommen nietzscheanisch – sie beschwören und feiern die dionysischen Kräfte, den festlichen Rausch, das Aufwallen der Lebenskräfte. Andererseits sind beide Autoren offensichtlich nicht futuristisch gestimmt, sondern nostalgisch. Sie predigen nicht so sehr die zukünftigen Abenteuer, sondern bewundern die Spuren und Überreste alter kultureller Strukturen, die den historischen Wandel überlebt haben und in der modernen Kultur weiterhin präsent sind. Typischerweise werden die Feste von Caillois als bloße Nachahmung, als Re-Inszenierung der ursprünglichen Explosion von kreativen Energien beschrieben. Ihre Protagonisten tragen die Masken der verstorbenen Vorfahren und spielen lediglich deren Rollen. Jede Wiederholung dieser Rituale ist eine Wiederholung der Wiederholung, eine Nachahmung der Nachahmung, eine Neuinszenierung der Neuinszenierung. Dennoch – oder gerade deshalb – scheinen diese Rituale ihre Teilnehmer zu revitalisieren. Wenn einige Lebensformen den Übergang von der Vergangenheit zur Gegenwart überstanden haben, scheinen sie tatsächlich in der Lage zu sein, auch den Übergang von der Gegenwart zur Zukunft zu überstehen. Hier verlagert sich die Suche nach wahrer Gesundheit vom Glauben an die Lebenskräfte zum Interesse am Fortbestehen der Vergangenheit in der

Gegenwart – als Versprechen des Fortbestehens der Gegenwart in der Zukunft. Mit anderen Worten, zum Interesse an den modernen Sorgeeinrichtungen, die ein derartiges Überleben ermöglichen.

In seiner späteren Spieltheorie entwickelt Caillois dieses Interesse weiter. Das Spiel ist das alte sakrale Ritual, das seine mythische Vergangenheit überlebt hat und nun als Freizeitbeschäftigung fungiert. Caillois stellt fest, dass die meisten Spiele eine Wettkampfkomponente enthalten: „Der Wettstreit ist ein Gesetz des modernen Lebens.“[53] Durch das Spiel wird der Konkurrenzkampf jedoch zu einem Spektakel: „Ich hatte bereits Gelegenheit zu betonen, dass jeder Wettbewerb auch ein Schauspiel ist. Er verläuft nach den gleichen Regeln und mit der gleichen gespannten Erwartung des Ausgangs. Er erfordert die Anwesenheit eines Publikums, das sich an den Kassen des Stadions oder des Velodroms ebenso drängt wie an denen des Theaters oder des Kinos.“[54] Die Wettbewerbsgesellschaft ist gleichzeitig auch eine Gesellschaft des Spektakels.

Seit dem Erscheinen des berühmten Buches von Guy Debord wurde dem Schauspiel häufig vorgeworfen, es produziere Massen von passiven Zuschauern. Was bei dieser Kritik übersehen wird, ist, dass die Position des Zuschauers für jemanden, der durch den permanenten Wettkampf im ‚wirklichen Leben‘ ausgebeutet und ausgelaugt wird, erholsam und gesund ist. Das Spektakel des Wettstreits erlaubt es ihm, diesem gegenüber eine Metaposition einzunehmen – vergleichbar der Position von Sokrates beim Betrachten der Wettbewerbe der Sophisten. Tatsächlich ist Debords Doppelstrategie sehr sokratisch: einerseits das Betrachten des Spektakels, andererseits die Formulierung einer kritischen Position ihm gegenüber. Sobald man jedoch beginnt, diese kritische

Haltung einzunehmen, wird man selbst „spektakulär" – vom Publikum auf die Bühne versetzt, als einer der Wettkämpfer. Sokrates wird dadurch zum „Sophisten", Debord zum „Künstler". Deshalb kämpfte Debord gegen das „Spektakuläre" – nicht so sehr, um die Position des Zuschauers aufzugeben, sondern um zu vermeiden, nach den Regeln des Wettstreits beurteilt zu werden. Ungeachtet seiner Kritik an der Passivität des Zuschauers zog Debord eine Position im Publikum einer Position auf der Bühne vor. Das Spektakel der „großen Gesundheit" ist eine Nachahmung des Augenblicks der Schöpfung – aber gerade deshalb entlarvt es den ursprünglichen Schöpfungsakt als bloßen theatralischen Effekt.

Dasselbe gilt für Glücksspiele wie Roulette oder Lotterie, die uns über unsere Abhängigkeit vom Schicksal nachdenken lassen. In der Tat behauptet Caillois, dass fast jede Form des Wettkampfs von seinen Teilnehmern als ungerecht empfunden wird. In unserer Gesellschaft versuchen die Regeln des Leistungswettbewerbs, die Privilegien auszugleichen, die mit der Geburt verbunden sind, wie der Reichtum und die soziale Stellung der Familie und der Zugang zur Bildung. Diese Regeln werden jedoch nie als ausreichend empfunden. Caillois schreibt diesbezüglich: „Unter diesen Bedingungen scheint *alea* ein notwendiger Ausgleich für *agōn* zu sein, seine natürliche Ergänzung [...]. Der Rückgriff auf den Zufall hilft den Menschen, einen unfairen oder zu harten Wettbewerb zu ertragen. Gleichzeitig gibt er den Besitzlosen die Hoffnung, dass ein freier Wettstreit für die unterprivilegierten Existenzen – die notwendigerweise zahlreicher sind – noch möglich ist."[55] Hier führt die Konfrontation mit dem Schicksal nicht zur Tragödie – zumindest, wenn der Spieler nicht von dem Spiel besessen ist. Das Ereignis der Katharsis wird aber dennoch neu inszeniert und von den Spielern und Zuschauern erlebt – auch wenn der antike Glaube an das Fatum verloren gegangen ist.

Die Grenze zwischen dem Sakralen und dem Profanen wird zur Grenze zwischen dem Spektakel und dem Publikum. Die Institutionen, die Spektakel verschiedener Art – von Sportveranstaltungen bis hin zu Theateraufführungen – organisieren, sind die modernen Einrichtungen der Fürsorge, die das Heilige vor seinem völligen Verschwinden in der profanen Arbeitsgesellschaft bewahren. Jedoch bezog das traditionelle Fest die gesamte Bevölkerung mit ein – wenn nicht weltweit, dann doch zumindest regional. Deshalb hatten die althergebrachten Feste wie auch die frühchristlichen Feiertage keinen Wettbewerbscharakter und die Teilnahme daran erforderte keine übermäßigen oder übermenschlichen Anstrengungen hinsichtlich der Kreativität. Im säkularen Zeitalter wurden Feste und Karnevale jedoch zu Spektakeln und Touristenattraktionen. Auch die christliche Messe hat sich in eine Show verwandelt. Früher waren es Gott oder Götter, die die Rolle von Zuschauern und Richtern der menschlichen Angelegenheiten übernahmen. Heute hat sich diese Funktion säkularisiert, die Öffentlichkeit ist an die Stelle Gottes getreten und der große Andere des Spektakels geworden. Und es ist genau dieser Blick des Anderen oder des Publikums, der die Körper der Schauspieler mobilisiert. Gott konnte in die Seelen hineinblicken, während die Zuschauer nur die Körper samt ihren Bewegungen und Aktionen sehen und beurteilen können. Nichtsdestotrotz geht man davon aus, dass das Publikum immer recht hat. Natürlich haben die Individuen, aus denen sich die Zuschauerschaft zusammensetzt, ihre eigenen Berufe, gewöhnlichen Leben und alltäglichen Probleme. Aber in dem Moment, in dem sie die Haltung der reinen Kontemplation einnehmen, verwandeln sie sich in ein Publikum und dessen Blick wird göttlich: Die *vox populi* verwandelt sich in die *vox dei*.

Was die Schauspieler dazu bringt, zusätzliche Anstrengung und Arbeit zu investieren, ist nicht die Explosion von Lebenskräften, sondern der Blick des Anderen, Gottes, des Publikums. Wir alle konkurrieren um Aufmerksamkeit, Erfolg, Ruhm und Geld. Auch die Philosophen wetteifern um die Gunst der zu einer Gottheit gewordenen Öffentlichkeit. Dieser Wettbewerb findet innerhalb der Institutionen statt – bei den Philosophen an den Universitäten –, aber auch in der Kunst und im Sport. Diese Einrichtungen präsentieren sich als Hüter der Wahrheit oder des guten Geschmacks oder der wissenschaftlichen Korrektheit. Aber sie sind auf die Gelder von Sponsoren angewiesen, die ihrerseits vom Interesse und der Unterstützung der Öffentlichkeit für diese oder jene Idee, Kunstausstellung oder Sportveranstaltung abhängen. Wie Kojève zu Recht feststellte, wird der Erfolg in all diesen Bereichen konditioniert von der Anerkennung durch die nicht fachkundige und uninformierte Öffentlichkeit. Soziologen und PR-Leute versuchen, die Logik und Dynamik der öffentlichen Präferenzen zu erklären. Das Problem ist, dass all diese Erklärungsversuche ebenfalls untereinander konkurrieren und von der Öffentlichkeit akzeptiert werden müssen, um als zutreffend anerkannt zu werden. So bleibt der göttliche Blick des Publikums transzendent, wie es auch der Blick Gottes war. Außerdem kann man nicht davon ausgehen, dass die Öffentlichkeit die Spektakel der Philosophie, der Kunst oder der Wissenschaft überhaupt mag. Das Publikum ähnelt vielmehr der *dame sans merci* der mittelalterlichen Minnesänger – diese schenkt dem Verlierer keine Beachtung, aber sie interessiert sich auch nicht sonderlich für den Gewinner, weil sie weiß, dass er beim nächsten Mal verlieren wird.

Die nietzscheanische und postnietzscheanische Feier der Lebenskräfte und der Kreativität war eine Reaktion auf die übliche Haltung des Bürgertums, das ‚vernünftigerweise' Kunst, Poesie und Musik als unvernünftige Energie- und Zeitverschwendung abtat. Die Menschen wurden nunmehr nicht nur als Akteure einer rationalen Wirtschaft und Politik angesehen, sondern auch als Körper, die von ‚irrationalen' Begierden, Lebenskräften und dem Willen zur Macht angetrieben werden. Diese Kräfte sind universell, sie integrieren den einzelnen Menschen in die Gesamtheit des Universums, einschließlich der Sonne und der Schwarzen Löcher. Alle Arten von irrationalen Aktivitäten, darunter Kunst und Poesie, sind Manifestationen dieser vitalen Kräfte, die unberührt sind vom menschlichen Wissen und Vorstellungen vom Wahren und Guten. Die Lebenskräfte und der Wille zur Macht sind „jenseits von Gut und Böse". Die rationalistische und moralistische Kunst- und Poesiekritik verkennt diesen zentralen Aspekt. Diese Kritik ist immer partikulär, weil sie diktiert wird von spezifischen kulturellen Konventionen bezüglich dessen, was in einer bestimmten Kultur als rational und moralisch angesehen wird, während die Kräfte der Kreativität ewig und universell sind – so ewig und universell wie das Universum selbst. Die Ideologie der Kreativität wurde in Künstlerkreisen bereitwillig akzeptiert, weil sie wie eine Rechtfertigung aussah für die künstlerische Freiheit, mit allen rationalistischen und moralistischen Konventionen zu brechen. Aber diese Ideologie wurde auch von der gesamten bürgerlichen Gesellschaft akzeptiert, da sie sich schon nach kurzer Zeit in die Ideologie des Konsums verwandelte. Vom rationalen Standpunkt aus betrachtet ist der Konsum zwar eine unproduktive Energieverschwendung, jedoch lässt er sich leicht rechtfertigen als die Befriedigung von Bedürfnissen, Trieben und Begierden des menschlichen Körpers. Und die kapitalistische Wirtschaft benötigt den Konsum nicht weniger als die Produktion, denn wenn die Produkte nicht konsumiert werden, ist ihre Herstellung wirtschaftlich nicht sinnvoll.

Wenn die Ideologie der Kreativität die Rechtfertigung für Kunst und Kultur darstellt, so rechtfertigt sie aber auch in gleichem Maße deren Zerstörung. Für diese Ideologie ist ein einzelnes Kunstwerk nicht relevant – was zählt, ist die Kreativität, die es hervorgebracht hat. Ein bestimmter Künstler ist ebenfalls irrelevant: Wenn dieser Künstler stirbt, werden die Kräfte der Kreativität eine andere Verkörperung für die künstlerische Tätigkeit finden. Tatsächlich wird so die gesamte Menschheit irrelevant, denn Bedürfnisse, Triebe und Begierden finden sich auch in Tieren und Pflanzen und vielleicht sogar in der anorganischen Materie (beispielsweise in Form der Erdanziehungskraft). Das Spektakel der Kultur, sei es ein Theaterstück oder eine Sportveranstaltung, bietet immer das gleiche Schauspiel des Willens zur Macht – der Bemühung um den Sieg in einem Wettbewerb. Wer Gewinner oder Verlierer ist, ist eigentlich irrelevant. Morgen werden andere es sein, aber das Spektakel wird sich dadurch nicht ändern. Der Effekt ist derselbe wie im Fall der platonischen Höhle: Jeder, der die Höhle verlässt, sieht dasselbe Licht.

Stellen wir uns nun vor, dass der Philosoph nicht in die Höhle zurückkehrt, sondern am Höhleneingang bleibt. Auf diese Weise kann er die Arbeiter beobachten, die sich von einem Ende zum anderen bewegen und verschiedene Gegenstände tragen, deren Schatten an den Wänden der Höhle zu sehen sind. Dadurch wechselt der Philosoph von der Perspektive eines Betrachters des ewigen Lichts zur Perspektive eines Kunstkritikers. Nun kann er analysieren, welche Objekte interessanter und anregender sind und welche nicht, wer diese Objekte auf bemerkenswerte Weise bewegt und positioniert und wer nicht. Wenn wir davon ausgehen, dass das Spektakel dieser Bewegung ewig ist, wird auch die Haltung des Kunstkritikers ewig Bestand haben – sogar dann, wenn die Kunst selbst sich ständig verändert. Für Platon schien die Welt der Vernunft und der Moral ewig zu währen. Aber auch das Spektakel der Kreativität ist ewig – die ewige Wiederkehr des Gleichen. Als Zuschauer dieses Spektakels gesellt sich der Kunstkritiker zum Publikum, das nicht unbedingt auf die Wand schaut, aber alles sehen kann, was in der Höhle geschieht. Es kann auch die ganze Szene beobachten, wie der Philosoph immer näher ans Licht gezerrt wird und dann in die Höhle zurückkehrt. Dieses Spektakel wird von der akademischen Welt präsentiert – und seine Zuschauer sind natürlich dieselben Leute, die auf ihren gewohnten Positionen bleiben.

Doch das Spektakel überlebt nur, wenn sein Publikum überlebt. Schließlich ist es nur das Volk, das eine „große Gesundheit" besitzt, und nicht ein isoliertes Individuum. Die einzige Möglichkeit für einen Philosophen, an dieser großen Gesundheit teilzuhaben, besteht darin, sich dem Publikum anzuschließen. Und genau dies tun de facto Hegel und Nietzsche. Hegel nutzte in seiner *Phänomenologie* eine Reihe von historischen Beispielen, die seinen Lesern bereits vertraut waren. Nietzsche glaubte, dass seine Bücher in der Zukunft erfolgreich sein würden, weil sie sich leicht integrieren lassen würden in die Entwicklung der Allgemeinheit weg von den christlichen Werten und hin zum Ideal des persönlichen Erfolgs. Kojève hatte recht: Es ist der Wunsch nach Anerkennung durch die Öffentlichkeit, der das Spektakel der Kultur und der Politik inspiriert. Der oberste Fürsorger ist das Publikum. Das moderne Spektakel findet vor den Augen der demokratischen Öffentlichkeit statt. Die zentrale Frage ist also die folgende: Wer ist der Demos? Oder: Wer ist das Volk?

Wer ist das Volk?

Die Frage nach dem Verhältnis zwischen dem Spektakel und dem Volk stellte Richard Wagner in seiner Abhandlung *Das Kunstwerk der Zukunft*, die er nach der Niederschlagung der deutschen Revolution von 1848 im Züricher Exil verfasste. Wagner lehnt die Dominanz des bürgerlichen Publikums über das Theater und seine Darsteller ab – den anerkennenden Blick der Kenner, der die Konkurrenz unter den Künstlern schürt. Wagner will sich stattdessen an die einfachen Menschen, das Volk, wenden. Und so fragt er: „*Wer ist das Volk?* – Nothwendig müssen wir zunächst in der Beantwortung dieser überaus wichtigen Frage uns einigen." Und seine Antwort auf diese Frage lautet folgendermaßen: „Das Volk ist der Inbegriff aller Derjenigen, *welche eine gemeinschaftliche Noth empfinden*." Und weiter: „Nur die Befriedigung eines wahren Bedürfnisses ist Nothwendigkeit, und *nur das Volk handelt nach Nothwendigkeit*, daher unwiderstehlich, siegreich und einzig wahr."[56] Daher gehören all jene, die nicht das wahre, kollektive Bedürfnis empfinden, sondern sich von Egoismus und Launenhaftigkeit leiten lassen, nicht zum Volk und sind sogar dessen Todfeinde. Die Launenhaftigkeit steht unter der Diktatur der Mode und erzeugt das künstliche Bedürfnis nach Luxus, das leider auch die Kunst betrifft:

„Das Wesen der Mode ist die absoluteste Einförmigkeit, wie ihr Gott ein egoistischer, geschlechtsloser, zeugungsunfähiger ist; ihre Thätigkeit ist daher willkürliche Veränderung, unnöthiger Wechsel, unruhiges, verwirrtes Streben nach Gegensatz zu ihrem Wesen, eben dem der absoluten Einförmigkeit. Ihre Macht ist die Macht der Gewohnheit. Die *Gewohnheit* aber ist der unüberwindliche Despot aller Schwachen, Feigen, in Wahrheit Bedürfnißlosen. Die Gewohnheit ist der Kommunismus des Egoismus, das erhaltungszähe Band gemeinschaftlichen, nothlosen Eigennutzes; ihre künstliche Lebensregung ist eben die der Mode."[57]

Nun stellt Wagner der von der Mode beherrschten Kunst seiner Zeit sein eigenes Projekt des Gesamtkunstwerks entgegen, das das ganze Volk vereinen und anstelle des falschen Kommunismus der Gewohnheit den wahren Kommunismus verwirklichen soll.

Hier argumentiert Wagner wie ein echter Revolutionär. Er akzeptiert das bürgerliche Publikum seiner Zeit nicht als Teil des Volkes. Stattdessen verkündet er, dass nur die Armen und Unterdrückten das wahre Volk sind – das wahre Publikum seines Theaters. Natürlich weiß er, dass die Armen unter den herrschenden wirtschaftlichen und kulturellen Bedingungen seiner Zeit nicht sein Publikum werden können. Wagners Publikum muss ein imaginäres Publikum bleiben – zumindest bis zur kommenden Revolution. Aber diese Ausrichtung auf die vorgestellte, zukünftige, zu erwartende Zuhörerschaft erlaubte es Wagner, sein tatsächliches bürgerliches Publikum und dessen Kriterien von Wettbewerb, Exzellenz und Mode zu ignorieren. Wagner glaubte, dass die Kunst der Zukunft eine kollektive, gemeinschaftliche Kunst sein würde. Und er glaubte, dass auch die Künstler Mitglieder einer kommenden Gemeinschaft sein würden. Die

Künstler würden nicht nur für ein Publikum auftreten – sie würden dieses Publikum auf der Bühne repräsentieren. Der Einzelne würde zu einem von vielen – und nicht zu einem Gewinner in einem spezialisierten, professionalisierten Wettbewerb.

Wagner argumentiert sogar, dass das Individuum nur durch den Tod seine Ablehnung von Launenhaftigkeit und Mode zeigen kann:

„Die letzte, vollständigste Entäußerung seines persönlichen Egoismus, die Darlegung seines vollkommenen Aufgehens in die Allgemeinheit, gibt uns ein Mensch nur mit seinem *Tode* kund, und zwar nicht mit seinem *zufälligen*, sondern seinem *nothwendigen*, dem durch sein Handeln aus der Fülle seines Wesens bedingten Tode.

Die Feier eines solchen Todes ist die würdigste, die von Menschen begangen werden kann. Sie erschließt uns nach dem, durch jenen Tod erkannten, Wesen dieses *einen* Menschen die Fülle des Inhaltes des menschlichen Wesens überhaupt."[58]

Das Gesamtkunstwerk als Spektakel sollte von einer freien Künstlergruppe produziert werden. Für die Produktion eines bestimmten Bühnenstücks sollte diese Vereinigung dem Willen des Dichters unterworfen sein, der gleichzeitig als Schauspieler fungiert, der den Hauptprotagonisten spielt. Dieser Schauspieler fungiert als vorübergehender Gesetzgeber und sogar Diktator – bis das Spektakel beendet ist und sein Held gestorben ist. Dann wählt die Vereinigung einen neuen Schauspieler aus, der den Tod des nächsten Helden spielt, und so weiter. Hier wird der Tod zu einem Spektakel für die Lebenden. So bestätigt das Schauspiel immer wieder die Unsterblichkeit des Publikums als Zuschauer – die Helden kommen und gehen, aber die Zuschauer bleiben. Das Spektakel ist befristet, aber die Lebensdauer des

Publikums ist nicht genau festgelegt und potenziell unendlich. Wagner betrachtete die Zuschauer als den entscheidenden Faktor eines jeden Bühnenstücks. Nicht die Schöpfer – die Künstler, Schriftsteller oder Schauspieler –, sondern das Publikum sind die eigentlichen Träger des Spektakels und der Kunst im Allgemeinen. Kunst wird immer für die Zuschauer, Zuhörer und Leser gemacht und antizipiert deshalb deren Reaktionen. Die eigentliche Triebfeder jeder kulturellen Aktivität ist nicht die Gesundheit und Energie der Autoren, sondern die angenommene Gesundheit des Publikums. Die eigentliche Krise beginnt, wenn Zweifel an dieser Annahme aufkommen.

Zu Beginn seiner Abhandlung stellt Wagner fest, dass sich die Menschheit als in Nationen unterteilt präsentiert. Natürlich proklamiert Wagner sein Gesamtkunstwerk als einen Weg, die gesamte Menschheit zu vereinen. Die Verwandlung des Egoisten in den Kommunisten kann aber auch als sein Aufstieg in eine nationale Gemeinschaft verstanden werden. Wagner stellt dem Volk, das existenzielle Not leidet, das kosmopolitische, bürgerliche Publikum gegenüber, das keinen echten Mangel kennt und keiner bestimmten ethnischen Gemeinschaft angehört. Ein Vorbild für eine universelle Kultur war für Wagner anfangs die griechische Zivilisation. Zur Zeit der Revolution von 1848 galt die Kunst der antiken Griechen noch als ein allgemein gültiges Ideal. Auch Marx teilte diese ästhetische Wertschätzung des griechischen Altertums. Später jedoch interessierte sich Wagner in zunehmendem Maße für die Mythologie der alten Germanen. Die Gemeinschaft wurde nunmehr von ihm als ethnische Gemeinschaft verstanden und nicht mehr als Gemeinschaft der Armen.

Gemäß Nietzsches Interpretation des „Falls Wagner“ ist genau dies der Grund für den Niedergang des Wagnerismus. Nietzsche erinnert den Leser zunächst daran, dass Wagner ursprünglich ein Revolutionär war:

„Wagner hat, sein halbes Leben lang, an die *Revolution* geglaubt, wie nur irgendein Franzose an sie geglaubt hat. Er suchte nach ihr in der Runenschrift des Mythus, er glaubte in *Siegfried* den typischen Revolutionär zu finden. – ‚Woher stammt alles Unheil in der Welt?' fragte sich Wagner. Von ‚alten Verträgen': antwortete er, gleich allen Revolutions-Ideologen. Auf deutsch: von Sitten, Gesetzen, Moralen, Institutionen, von Alledem, worauf die alte Welt, die alte Gesellschaft ruht. ‚Wie schafft man das Unheil aus der Welt? Wie schafft man die alte Gesellschaft ab?' Nur dadurch, dass man den ‚Verträgen' (dem Herkommen, der Moral) den Krieg erklärt. *Das tut Siegfried.*"[59]

Für Nietzsche sah das Publikum von Wagners Bayreuther Festspielen jedoch nicht gesund, revolutionär und optimistisch aus. Im Gegenteil, dieses Publikum war eine Ansammlung typischer Vertreter der dekadenten europäischen Bourgeoisie jener Zeit: „Das Beste, was darin sitzt, deutsche Jünglinge, gehörnte Siegfriede und andre Wagnerianer, bedarf des Erhabenen, des Tiefen, des Überwältigenden."[60] Infolgedessen begann Wagner, ein dekadentes, krankhaftes, verlogenes Spektakel zu inszenieren – genau die Kunst, die sein Publikum von ihm erwartete. Das dekadente Publikum infizierte den Kreativen, den Autor, und veranlasste ihn, dekadente Kunst zu schaffen. Die Art und Weise, wie Wagner sein Volk gewählt hatte, wurde für ihn zum Verhängnis. Der Fall Wagner zeigt, dass auch der große Kreative sich nicht aus den Rahmenbedingungen der Fürsorgegesellschaft zu lösen vermag. Selbst wenn dieser Kreative die Feste der heiligen, mythischen Epoche nachahmt, wie Wagner es tat, bleibt er doch verhaftet in der Struktur der Sorgeeinrichtungen – zu denen das moderne Theater gehört – und muss sich mit dem ‚dekadenten' Publikum auseinandersetzen, das domestiziert ist durch den biopolitischen Staat. Doch gerade dieses Publikum unterstützt die kulturellen Einrichtungen, anstatt sie zu zerstören, und zeigt sich bereit, die Aufführungen von Wagners Opern zu besuchen und die Bücher von Nietzsche zu lesen. Letztlich ist der Fall Wagner auch der Fall Nietzsche.

Sorge als Sein des Daseins

In Heideggers *Sein und Zeit* nahm das Konzept der Sorge zum ersten Mal in der Geschichte der Philosophie eine zentrale Stellung ein. Man kann sogar behaupten, dass der Konflikt zwischen der Selbstsorge – verstanden als Selbstbehauptung – und den Institutionen der modernen, öffentlichen Fürsorge im Zentrum von Heideggers philosophischem Diskurs steht. Heidegger folgt seinem Lehrer Edmund Husserl, indem er die „natürliche Haltung" ablehnt, die den Menschen als Tier unter anderen Tieren, als Ding unter anderen Dingen begreift. Der Mensch ist für ihn nicht in erster Linie ein lebender Organismus, der von vitalen Bedürfnissen und Trieben bewegt wird, so wie andere Organismen wie Tiere oder Pflanzen. Heidegger definiert den Menschen als Dasein, als In-der-Welt-Sein. In der Welt zu sein bedeutet hier, dass es unmöglich ist, sich das Dasein als „Subjekt" vorzustellen, dem die Welt als „Objekt" gegenübersteht. Die Welt ist korrelativ zum Dasein – sie können nicht voneinander getrennt werden. Das Dasein weiß, dass seine Existenz durch den Tod gefährdet ist, dass seine Welt verschwinden kann – das Dasein hat also Angst vor dem Tod. Die Existenz des Daseins ist ein auf die Zukunft gerichtetes Projekt, wir planen ständig etwas für die Zukunft. Diese Planung setzt voraus, dass wir weiter existieren und für unsere Existenz sorgen müssen. Unser Verhältnis zu unserer Welt ist von Sorge geprägt, genauer gesagt von Selbstsorge. Selbstsorge ist die grundlegende Seinsweise des Daseins.[61]

Im Deutschen hat das Wort Sorge mindestens zwei verschiedene, aber miteinander verbundene Bedeutungen. Sich über etwas Sorgen machen bedeutet, über etwas beunruhigt zu sein. Das Dasein ist besorgt um die Existenz seiner Welt, weil seine Welt verschwinden kann. Für etwas Sorge tragen bedeutet, sich um etwas zu kümmern. Wenn ich mir wegen meiner Existenz Sorgen mache, trage ich auch Sorge für sie. Deshalb wird das Sein des Daseins als Sorge definiert. Das Dasein ist da, weil es sich um sich selbst sorgt – und es ist da im Zustand der Besorgtheit um sich selbst. Hier wird die Sorge zum zentralen ontologischen Modus der menschlichen Existenz. Heidegger zitiert in diesem Zusammenhang eine Fabel der alten Griechen:

„Als einst die ‚Sorge' über einen Fluß ging, sah sie tonhaltiges Erdreich: sinnend nahm sie davon ein Stück und begann es zu formen. Während sie bei sich darüber nachdenkt, was sie geschaffen, tritt Jupiter hinzu. Ihn bittet die ‚Sorge', daß er dem geformten Stück Ton Geist verleihe. Das gewährt ihr Jupiter gern. Als sie aber ihrem Gebilde nun ihren Namen beilegen wollte, verbot das Jupiter und verlangte, daß ihm sein Name gegeben werden müsse. Während über den Namen die ‚Sorge' und Jupiter stritten, erhob sich auch die Erde (Tellus) und begehrte, daß dem Gebilde ihr Name beigelegt werde, da sie ja doch ihm ein Stück ihres Leibes dargeboten habe. Die Streitenden nahmen Saturn zum Richter. Und ihnen erteilte Saturn folgende anscheinend gerechte Entscheidung: ‚Du, Jupiter, weil du den Geist gegeben hast, sollst bei seinem Tode den Geist, du, Erde, weil du den Körper geschenkt hast, sollst den Körper empfangen. Weil aber die ‚Sorge' dieses Wesen zuerst gebildet, so möge, solange es lebt, die ‚Sorge' es besitzen. Weil aber über den Namen Streit besteht, so möge es ‚homo' heißen, da es aus humus (Erde) gemacht ist.'"[62]

In späteren Texten Heideggers verschwindet das Konzept der Sorge fast vollständig. Diese Abwesenheit ist von zentraler Bedeutung für das Verständnis dieser Texte – und für das Verständnis von Heideggers intellektuellem Werdegang im Allgemeinen. Sorge wird von Heidegger als Sorge um die Welt des Daseins verstanden: „Dasein *ist* je seine Möglichkeit, und es ‚hat' sie nicht nur noch eigenschaftlich als ein Vorhandenes. Und weil Dasein wesenhaft je seine Möglichkeit ist, *kann* dieses Seiende in seinem Sein sich selbst ‚wählen', gewinnen, es kann sich verlieren, bzw. nie und nur ‚scheinbar' gewinnen."[63] Das Dasein verliert sich selbst, wenn es seine gewählte Existenzweise vergisst, wenn es beginnt, sich als ein Ding in der Welt und nicht als In-der-Welt-Existierendes zu verstehen. Selbstsorge setzt einen Kampf um die spezifische Existenzweise eines In-der-Welt-Seins voraus sowie gegen die Gefahr, ein Ding in der Welt zu werden, das von dem oder den Anderen kontrolliert wird.

Das bedeutet nicht, dass das Dasein souverän ist und seine Welt beherrscht. Das Dasein existiert einfach. Die Welt gehört von Anfang an zum Dasein, zu seiner spezifischen Existenzweise. Das Dasein ist in der Welt, aber ohne die Kontrolle über die Welt zu haben. Erstmals und dann in steigendem Maße gefährlich wird es, wenn das Dasein versucht, seine Welt mit technischen Mitteln zu kontrollieren, ein Subjekt zu werden, das seine auf ein Objekt reduzierte Welt dominiert. Sehen wir uns das Beispiel an, das Heidegger in seinem Essay über die Technik anführt, um diese Gefahr zu illustrieren:

„Das Wasserkraftwerk ist in den Rheinstrom gestellt. Es stellt ihn auf seinen Wasserdruck, der die Turbinen daraufhin stellt, sich zu drehen, welche Drehung diejenige Maschine umtreibt, deren Getriebe den elektrischen Strom herstellt, für den die Überlandzentrale und ihr Stromnetz zur Strombeförderung bestellt sind. […] Achten wir doch, um das Ungeheuere, das hier waltet, auch nur entfernt zu ermessen, für einen Augenblick auf den Gegensatz, der sich in den beiden Titeln ausspricht: ‚Der Rhein', verbaut in das *Kraft*werk, und ‚Der Rhein', gesagt aus dem *Kunst*werk der gleichnamigen Hymne Hölderlins."[64]

Tatsächlich feiert Hölderlins Hymne den Rhein als Teil der deutschen Welt, während das Kraftwerk den Rhein als Werkzeug beziehungsweise als Ressource verwendet. Und Heidegger fügt hinzu: „Aber der Rhein bleibt doch, wird man entgegnen, Strom der Landschaft. Mag sein, aber wie? Nicht anders denn als bestellbares Objekt der Besichtigung durch eine Reisegesellschaft, die eine Urlaubsindustrie dorthin bestellt hat."[65] Nun könnte man fragen: Was ist so schlimm an der regelmäßigen Versorgung mit Elektrizität oder am organisierten Tourismus? Die Antwort lautet: Hier verliert das Dasein sich selbst und wird mit der Gefahr konfrontiert, wie alles andere als bloßer Rohstoff für die technische Verarbeitung behandelt zu werden. Und das Beispiel, das Heidegger wählt, um dieses Risiko zu illustrieren, ist passenderweise das medizinische System: „Die umlaufende Rede vom Menschenmaterial, vom Krankenmaterial einer Klinik spricht dafür."[66] Die medizinische Versorgung der menschlichen Körper tötet deren Welt, ihre authentische Seinsweise und macht sie zu Rohmaterial für die medizinische Industrie. Diese Gefahr wird jedoch von den Menschen meist nicht gesehen:

„Der Forstwart, der im Wald das geschlagene Holz vermißt und dem Anschein nach wie sein Großvater in der gleichen Weise dieselben Waldwege begeht, ist heute von der Holzverwertungsindustrie bestellt, ob er es weiß oder nicht. Er ist in die Bestellbarkeit von Zellulose bestellt, die ihrerseits durch den Bedarf an Papier herausgefordert ist, das den Zeitungen und illustrierten Magazinen zugestellt wird. Diese aber stellen die öffentliche Meinung daraufhin, das Gedruckte zu verschlingen, um für eine bestellte Meinungsherrichtung bestellbar zu werden."[67]

Anders ausgedrückt: Das Dasein existiert nicht mehr im Modus der Selbstsorge und hat daher seinen ursprünglichen ontologischen Status verloren. Das moderne Dasein wird von der Technik gefangen gehalten und kontrolliert. Doch Heidegger gibt die Hoffnung nicht auf: „Wo immer der Mensch sein Auge und Ohr öffnet, sein Herz aufschließt, sich in das Sinnen und Trachten, Bilden und Werken, Bitten und Danken freigibt, findet er sich überall schon ins Unverborgene gebracht."[68] Das Problem ist jedoch, dass uns diese Unverborgenheit ausgerechnet für den Prozess des Vergessens des Seins empfänglich macht, in dessen Mitte wir existieren.

Heidegger zufolge erfolgt die Unverborgenmachung des Seins durch die Kunst. Allerdings stellt er gleich zu Beginn seines Essays „Der Ursprung des Kunstwerkes" (1935/36) fest, dass Kunstwerke von unserer Zivilisation als bloße Dinge behandelt werden:

„Wenn wir die Werke auf ihre unangetastete Wirklichkeit hin ansehen und uns selber dabei nichts vormachen, dann zeigt sich: Die Werke sind so natürlich vorhanden wie Dinge sonst auch. Das Bild hängt an der Wand wie ein Jagdgewehr oder ein Hut. […] Die Werke werden verschickt wie die Kohlen aus dem

Ruhrgebiet und die Baumstämme aus dem Schwarzwald. Hölderlins Hymnen waren während des Feldzugs im Tornister mitverpackt wie das Putzzeug. Beethovens Quartette liegen in den Lagerräumen des Verlagshauses wie die Kartoffeln im Keller. Alle Werke haben dieses Dinghafte."[69]

Hölderlins Hymne teilt also in Wirklichkeit das Schicksal des Rheins. Und Heidegger schreibt weiter: „Aber vielleicht stoßen wir uns an dieser reichlich groben und äußerlichen Ansicht vom Werk. In solchen Vorstellungen vom Kunstwerk mag sich die Güterbestätterei oder die Putzfrau im Museum bewegen. Wir müssen doch die Werke so nehmen, wie sie denjenigen begegnen, die sie erleben und genießen."[70] Warum aber lehnt Heidegger die Sichtweise der Güterschiffer und Putzfrau ab? Auch hier ist entscheidend der Gegensatz zwischen dem Besitz einer Welt und der Seinsweise als Ding in der Welt.

Laut Heidegger ist das Kunstwerk ein Werk der Wahrheit – und die Wahrheit ist die Offenlegung der Welt, in der der Künstler lebt. Als Beispiel führt Heidegger ein Gemälde von Van Gogh an, das ein Paar Schuhe zeigt. Heidegger schreibt, dass diese schmutzigen, abgetragenen Schuhe die Welt einer Bäuerin offenbaren, die ihr Leben lang hart auf dem Land gearbeitet hat.[71] In Wirklichkeit hat Van Gogh auf diesem Gemälde seine eigenen Schuhe abgebildet. Aber darauf kommt es hier nicht an. Für Heidegger eröffneten diese Schuhe den Blick auf die Welt des bäuerlichen Lebens, die sowohl Van Gogh als auch Heidegger teilten. Van Gogh lief auf der Suche nach Motiven für seine Gemälde über die Felder, Heidegger lebte in einem Dorf.

Das Kunstwerk ist aber nicht nur eine Offenbarung der Welt, sondern auch der Gegenstand eines geschäftsorientierten Kunstbetriebs. Für Heidegger bedeutet dies, dass das Kunstwerk ein

Ort des Konflikts zwischen Welt und Erde ist. Die vom Künstler offengelegte Welt wird verschlossen durch die Materialität, die Dinglichkeit des Werkes – durch die Rückführung dieses Werkes zu der Erde, aus der das Werk gemacht ist.

Hier kann man leicht den Bezug zur griechischen Fabel aus *Sein und Zeit* erkennen: Die Welt der Sorge verschwindet, wenn das Dasein stirbt – nur ein Ding, ein Leichnam, bleibt zurück und wird von der Erde verschlungen. Dabei wird die Analogie zwischen dem Dasein und dem Kunstwerk offensichtlich. Im Museum sieht man nicht die Kunstwerke, sondern deren tote Körper – nicht die Welten, die die Kunstwerke offenbaren, sondern diese Werke als materielle, „erdverhaftete" Dinge, um die sich der „Kunstbetrieb" kümmert. Hierbei erfährt das Werk einen Weltentzug und Weltzerfall, der nicht rückgängig gemacht werden kann.[72]

Die Welt, die durch das Kunstwerk offengelegt wurde, bleibt jedoch zugänglich, wenn das „Volk" noch in dieser Welt lebt und für sie Sorge trägt. Auch hier, wie in Nietzsches Abhandlung über Wagner, wird davon ausgegangen, dass das Kunstwerk nur dann überlebt, wenn das Volk überlebt, das als authentischer Betrachter dieses Werkes dient, weil die Daseinsweise dieses Volkes mit der Daseinsweise des Künstlers übereinstimmt. Deshalb bedeutet die Bewahrung eines bestimmten Kunstwerks mehr als seine bloße Konservierung und Restaurierung in einem Museum. Sondern es geht um die Erhaltung der Lebensweise, die in diesem Kunstwerk offenkundig wurde. In diesem Sinne gehören Erschaffung und Bewahrung des Kunstwerks zusammen. Das Werk gibt seinem Publikum, dem Volk, einen Impuls, einen Schub von Energie, indem es seine eigene Welt offenbart – und der Daseinsmodus des Volkes bleibt derselbe, solange dieser Impuls geschichtlich wirksam bleibt. Auch wenn Heidegger den nietzscheanischen Willen zur Macht als „metaphysisch" ablehnt, so versteht er doch „schöpferische Arbeit" als von einem Überschuss an Energie herrührend. Dabei handelt es sich nicht um die eigene, individuelle Energie des Künstlers, sondern um den Zustrom (Sprung) von Energie, die vom Sein (dem Ur-Sprung) bereitgestellt wird und die der Künstler in den seltenen Momenten, in denen er sich auf der „Lichtung des Seins" befindet, ab- sorbieren kann. Das Kunstwerk ist in der Lage, diese Energie auf das historische Volk zu übertragen, zu dem der Künstler gehört: „Das ist so, weil die Kunst in ihrem Wesen ein Ursprung ist: eine ausgezeichnete Weise, wie Wahrheit seiend, d. h. geschichtlich wird."[73] Und es ist genau dieser besondere Modus, für den man Sorge tragen muss. Der Künstler sorgt sich um das historische Schicksal seines Volkes – auch wenn er es nicht vollständig kontrollieren kann.

Kapitel 10 Unter dem Blick der Putzfrau

Wir haben erfahren, wie der Kunstliebhaber die Kunst sieht. Doch wenden wir uns nun dem Blick einer Putzfrau zu. Die Putzfrau verließ ihre ursprüngliche Welt, in der sie in direktem Kontakt mit der Natur, der *physis*, stand, um im System der technischen Fürsorge, Wartung und Restaurierung von als materielle Objekte verstandenen Kunstwerken zu arbeiten. Sie lebt nicht mehr in der von Van Gogh offenbarten Welt. Das Gemälde Van Goghs ist für sie nur noch ein Stück Materie, ein Stück Erde. Was aber ist dann der Unterschied zwischen der Bäuerin und der Putzfrau? Beide sorgen für die Erde. Tatsächlich kümmert sich die Putzfrau um das Gemälde von Van Gogh in ähnlicher Weise wie die Bäuerin um das Feld, das sie bewirtschaftet. Die Putzfrau sieht dieses Gemälde als eine Sache, eine mit Farbe bedeckte Leinwand, die bestimmte Bedingungen von Temperatur, Licht, sauberer Luft und Feuchtigkeit benötigt. Es ist offensichtlich, dass das Museum für diese Reinungskraft ihre Welt ist, eine Welt, die sie mit den Besuchern teilt, die sich nach den Regeln des Museums verhalten – zum Beispiel, nicht mit schmutzigen Schuhen hereinzukommen. Es stellt sich also die Frage: Warum verdient die Welt der Putzfrau weniger Offenlegung durch die Kunst als die Welt der Bäuerin? Schließlich existiert die Putzfrau ebenso und praktiziert ihr Dasein in einem Modus der Sorge für die Kunstwerke. Natürlich kann man sagen, dass ihre Sorgearbeit ein Teil einer Sorgeeinrichtung ist. Sie ist in ihren Entscheidungen bezüglich ihrer Fürsorgepraxis nicht unabhängig. Aber das bedeutet nicht, dass sie ihr Dasein verloren hätte. Sie hat ihr eigenes Betätigungsfeld, und sie kann ihre Sorgearbeit in mehr oder weniger verantwortungsvoller Weise ausüben. Kann man denn sagen, dass die Bäuerin im Gegensatz dazu über eine vollständige Autonomie der Selbstsorge verfügt? Natürlich nicht, denn sie ist eine Staatsbürgerin, ist auf den Markt angewiesen, um ihre Produkte zu verkaufen usw.

Wenn wir Sorge tragen für eine bestimmte Tradition und beginnen, sie hier und jetzt zu praktizieren, mit dem Ziel, zum Fortleben dieser Tradition beizutragen, sollte sich unsere Form der Sorge somit entsprechend der Art und Weise ändern, in der sich die Welt verändert hat. Wenn wir also sehen, dass Kunstwerke immer häufiger für ein Museum produziert werden, bedeutet diese Veränderung dann, dass wir die Kunst und ihren Auftrag irgendwie ‚verraten' haben? Ganz und gar nicht. Natürlich können wir unsere Sorge nicht nur Kunstwerken aus der Vergangenheit angedeihen lassen. Sich um eine Tradition zu sorgen, bedeutet, sie fortzusetzen – in diesem Fall, neue Kunstwerke zu schaffen. Aber was bedeutet es, eine künstlerische Tradition fortzuführen? Bedeutet es, die alten künstlerischen Techniken zu pflegen? Oder die alten Lebensformen zu reproduzieren, die diese Techniken überhaupt erst hervorgebracht haben? Es scheint, dass diese Art von Sorgearbeit für die Sorgenden zu anstrengend wäre – vor allem, wenn sie mit Kunstproduktion in größerem Umfang konfrontiert sind. Dadurch stellt sich die Frage: Was sind die Minimalbedingungen dafür, dass ein Kunstwerk als solches anerkannt wird – und damit als Fortführung einer Kunsttradition, die Fürsorge verdient?

Das war die zentrale Frage, die die Avantgarde zu beantworten versuchte. Man kann argumentieren, dass die Kunst der Avantgarde nichts anderes war als die Offenbarung der Welt der Putzfrau. In der Tat verstanden die Künstler der Avantgarde Kunstwerke als Dinge, die sich dem Blick des Betrachters so

präsentieren, wie sie sind, und nichts anderes darstellen. Gemäß einer weitverbreiteten Auffassung war die Kunst der Avantgarde eine Manifestation der Kreativität – eine Explosion der vitalen schöpferischen Kräfte. In Wirklichkeit war diese Kunst jedoch ein Ergebnis der Reflexion über und der Ausweitung von Sorge. Deshalb stellen Albert Gleizes und Jean Metzinger gleich zu Beginn ihres Buches über den Kubismus fest: „Ein Gemälde trägt seine Daseinsberechtigung in sich selbst. Man kann es ungestraft aus einer Kirche in einen Salon, aus einem Museum in ein Arbeitszimmer mitnehmen."[74] Und anschließend, nachdem sie konstatiert haben, dass alles, was auf einem Gemälde dargestellt ist, bereits aus seiner natürlichen Umgebung entfernt und in einen Ausstellungsraum gebracht wurde, schreiben sie: „Es [ein Gemälde] hat nicht mehr Bedeutung als eine Nummer in einem Katalog oder ein Titel am unteren Rand eines Bilderrahmens. Dies zu bestreiten, hieße, den Freiraum der Maler zu leugnen; es würde bedeuten, die Malerei in Abrede zu stellen."[75] Anders ausgedrückt: Für Gleizes und Metzinger ist ein Gemälde zunächst einmal ein bloßes Ding, das im Kunstsystem zirkuliert. Und ihres Erachtens postuliert und manifestiert der Kubismus ausdrücklich diesen autonomen Charakter des einzelnen Gemäldes als materielles Objekt, das nicht notwendigerweise irgendein anderes Objekt in der Welt abbilden und repräsentieren will. Mit anderen Worten, sie schließen sich der bürokratischen, verwaltungstechnischen Definition von Malerei an, die von den Mitarbeitern eines Museums oder einer Galerie praktiziert wird, für die ein Gemälde ein bloßer Gegenstand ist, der unter einer bestimmten Nummer registriert wird – und konzipieren dann ihre eigenen Gemälde gemäß dieser Definition.

Die Avantgarde reduzierte die Darstellung, das Erzählerische, alles Figurative und Naturalistische, um Kunstwerke als bloße Dinge zu präsentieren. Die Geschichte der Avantgardebewegungen ist die Geschichte dieser Reduzierungen – vom *Schwarzen Quadrat* von Malewitsch bis zu den „unspezifischen Objekten" von Donald Judd. Seit Duchamp wurde die künstlerische Fürsorge auf alle möglichen Gegenstände des Alltagslebens ausgedehnt. Die Künstler begannen, die Rolle von Kuratoren zu übernehmen und Ausstellungen und Publikationen zu organisieren. Das Wort „Kurator" kommt vom lateinischen Wort *cura*, Sorge. Der Kurator sorgt für die Kunstwerke mit dem Ziel, ihnen Sichtbarkeit zu verleihen – sie für die Betrachtung zugänglich zu machen. Natürlich neigen wir dazu, uns unter einem Kurator einen Ausstellungsmacher vorzustellen, der die Kunstwerke in einem künstlich geschaffenen Kontext benutzt. Alle Ausstellungen sind jedoch zeitlich begrenzt – und wenn ein Kunstwerk nicht aus Versehen beschädigt wird, kann es in einem anderen Kontext erneut gezeigt werden. Das Gleiche gilt für private und öffentliche Sammlungen und den Kunstmarkt im Allgemeinen. Dies ist der grundlegende Unterschied zwischen dem Kunstwerk und dem Werkzeug sowie zwischen Kunstwerken und Konsumgütern. Ein Werkzeug nutzt sich im Laufe der Zeit ab, und Konsumgüter werden verbraucht, beseitigt. Kunstwerke hingegen erhalten eine technische Garantie der Dauerhaftigkeit, weil sie nicht zum

Gebrauch und Konsum, sondern allein zur Betrachtung da sind. Natürlich stellt sich unweigerlich die Frage, warum gerade diese Dinge als Objekte der Kontemplation funktionieren und andere nicht. Aber zunächst einmal können wir uns fragen, warum wir überhaupt irgendeinen Gegenstand zur Kontemplation stellen sollten.

Es war die Französische Revolution, die die Dinge, die zuvor von der Kirche und der Aristokratie als bloße Werkzeuge benutzt worden waren, in Kunstwerke verwandelte – das heißt in Objekte, die in einem Museum, ursprünglich im Louvre, ausgestellt wurden, nur um angesehen zu werden. Der Säkularismus der Französischen Revolution schaffte die Kontemplation Gottes als höchstes Ziel des Lebens ab – und ersetzte sie durch die Betrachtung „schöner" materieller Objekte. Mit anderen Worten: Der Status der Kunst wurde zunächst durch revolutionäre Gewalt geprägt. In der vormodernen Geschichte führte die Veränderung kultureller Herrschaftssysteme und Konventionen, einschließlich der Religionen und politischen Ordnungen, zu radikalen bilderstürmerischen Aktionen, d. h. zur physischen Zerstörung von Gegenständen, die mit früheren kulturellen Formen und Haltungen verbunden waren. Die Französische Revolution ermöglichte eine neue Art des Umgangs mit wertvollen Dingen aus der Vergangenheit: Anstatt sie zu zerstören, wurden sie ihrer früheren Funktion entkleidet und als Kunst präsentiert. Es ist diese revolutionäre Umgestaltung des Louvre, die Kant offensichtlich im Sinn hat, wenn er in seiner *Kritik der Urteilskraft* schreibt:

„Wenn mich Jemand frägt, ob ich den Palast, den ich vor mir sehe, schön finde, so mag ich zwar sagen: ich liebe dergleichen Dinge nicht […]; ich kann noch überdem auf die Eitelkeit der

Großen auf gut Rousseauisch schmälen, welche den Schweiß des Volks auf so entbehrliche Dinge verwenden […]. Man kann mir alles dieses einräumen und gutheißen, nur davon ist jetzt nicht die Rede. […] Man muß nicht im Mindesten für die Existenz der Sache eingenommen, sondern in diesem Betracht ganz gleichgültig sein, um in Sachen des Geschmacks den Richter zu spielen."[76]

Die Französische Revolution führte eine neue Kategorie von Dingen ein: ihrer Funktion beraubte Werkzeuge, die als Kunstwerke verstanden und von den Kuratoren umsorgt wurden.

Es wird oft beklagt, dass die Menschen „zu Objekten gemacht" worden seien, weil die Reduzierung auf ein Objekt mit Sklaverei verbunden ist. Wenn ein Mensch zu einem Ding wird, bedeutet das jedoch nicht zwangsläufig, dass er zu einem Werkzeug wird. Ganz im Gegenteil: Ein Ding zu werden, kann bedeuten, ein Objekt der Fürsorge zu werden. Es gibt eine augenfällige Parallele zwischen dem Krankenhaus und dem Museum. Beide verfolgen das Ziel der Fürsorge und der Bewahrung – von menschlichen Körpern oder Dingen. Tatsächlich kann der Schutz von Kunstgegenständen mit dem medizinischen Schutz des menschlichen Körpers verglichen werden. Es war schließlich auch die Französische Revolution, welche mit Berufung auf die Menschenrechte die Idee der Wahrung des Menschenkörpers aufbrachte. Zwischen dem Humanismus und der Kunst gibt es eine enge Verbindung. Nach den Grundsätzen des Humanismus darf der Mensch nur betrachtet, nicht aber aktiv benutzt werden: Er darf weder getötet noch vergewaltigt noch versklavt werden. Das humanistische Programm wurde von Kant in einer berühmten Formulierung zusammengefasst: In der aufgeklärten, säkularen Gesellschaft soll der Mensch nie als Mittel, sondern nur als Zweck behandelt werden. Deshalb sehen wir die Sklaverei als barbarisch an. Aber ein Kunstwerk so zu benutzen, wie wir andere Dinge und Waren benutzen, gilt auch als barbarisch. Und das Wichtigste dabei ist, dass der Mensch vom säkularen Blick nur als Objekt definiert wird, das eine bestimmte, menschliche Form hat.

Der menschliche Blick sieht nicht die menschliche Seele – das war das Vorrecht Gottes. Der menschliche Blick sieht nur den menschlichen Körper. Unsere Rechte hängen mit dem Bild zusammen, das wir den Blicken der anderen bieten. Das ist der Grund, warum wir so sehr an diesem Bild interessiert sind. Und deshalb interessieren wir uns auch für den Schutz der Kunst und den Schutz durch die Kunst. Der Mensch ist nur insofern geschützt, als er von anderen als Kunstwerk wahrgenommen wird, das von dem größten Künstler – der Natur selbst – geschaffen wurde. Nicht zufällig wurde im 19. Jahrhundert, in dem der Humanismus zu einer Blüte gelangte, die Form des menschlichen Körpers als die schönste unter allen anderen Formen angesehen, darunter die Formen von Bäumen, Früchten und Wasserfällen. Und natürlich ist sich der Mensch seines Status als Kunstwerk durchaus bewusst und versucht immer wieder, diesen Status zu verbessern und zu stabilisieren. Der Mensch will traditionell begehrt, bewundert, angeschaut werden – sich als besonders wertvolles Kunstwerk fühlen.

Diese Analogie zwischen dem menschlichen Körper und dem Kunstwerk wurde am Ende des 19. Jahrhunderts von Nikolay Fedorov in eine radikale Form gebracht in seinem Projekt der „Gemeinsamen Tat“ (im Russischen: „Obshchee Delo“, das seinerseits zurückgeht auf den lateinischen Begriff der „res publica“).[77] Die gemeinsame Aufgabe der Menschheit besteht für

Fedorov in der künstlichen Wiedererweckung aller früheren Generationen. Als Ausgangspunkt für die Verwirklichung dieses Plans wählt Fedorov das Museum. Er stellt zu Recht fest, dass die Existenz des Museums dem vorherrschend utilitaristischen und pragmatischen Geist des 19. Jahrhunderts widerspricht.[78] Fedorov hielt die Technik des 19. Jahrhunderts für innerlich gespalten. Seiner Ansicht nach diente die damals moderne Technik in erster Linie der Mode und dem Krieg, d.h. dem endlichen, sterblichen Leben. Nur in Bezug auf diese Technik könne man von Fortschritt sprechen, denn die Mode ändere sich ständig mit der Zeit. Sie spalte auch die menschlichen Generationen: Jede Generation habe ihre eigene Technik und verachte die Technik ihrer Eltern. Technik fungierte für Fedorov aber auch als Kunst, wobei Letztere für ihn nicht eine Frage des Geschmacks oder der Ästhetik war, sondern eine Technik zur Bewahrung und Wiederbelebung der Vergangenheit. In der Kunst gebe es keinen Fortschritt. Kunst warte nicht auf eine bessere Gesellschaft der Zukunft – sie verewige das Hier und Jetzt. Dabei arbeite die Kunst, wie sie in der bürgerlichen Gesellschaft praktiziert werde, in der Regel aber nicht mit den Dingen selbst, sondern nur mit den Bildern der Dinge. Die bewahrende, erlösende, wiederbelebende Aufgabe der Kunst bleibe deshalb letzten Endes unverwirklicht.

Um mit seiner Mission erfolgreich zu sein, sollte das Kunstmuseum die Menschen mit einbeziehen. Denn da jeder Mensch nur ein Körper unter anderen Körpern, ein Ding unter anderen Dingen ist, kann die Unsterblichkeit des Museums zu einem Segen auch für den Menschen werden. Laut Fedorov ist die Unsterblichkeit kein Paradies für menschliche Seelen, sondern ein Museum für lebende menschliche Körper. An die Stelle der göttlichen Gnade treten die Entscheidungen der Kuratoren und die Techniken der musealen Konservierung. Alle Menschen, die jemals gelebt haben, müssen als Kunstwerke von den Toten auferstehen und in einem Universalmuseum aufbewahrt werden, das mit dem gesamten Universum identisch wäre. Der Staat muss das Museum seiner Bevölkerung werden. So wie die Museumsleitung nicht nur für den Gesamtbestand der Sammlungen, sondern auch für den Zustand jedes einzelnen Kunstwerks verantwortlich ist und deshalb dafür sorgt, dass die einzelnen Kunstwerke konserviert und restauriert werden, wenn sie zu verfallen drohen, so sollte der Staat die Verantwortung für die Auferstehung und das unsterbliche Leben jedes einzelnen Menschen übernehmen. Der Staat kann es sich nicht mehr erlauben, dass die Einzelpersonen einfach bei sich zu Hause sterben oder die Toten friedlich in ihren Gräbern ruhen. Die Grenzen des Todes müssen vom Staat überwunden werden. Man könnte sagen, dass die Biomacht total werden muss – und nicht nur partiell, wie von Foucault beschrieben.

Gemäß der berühmten Formulierung von Michel Foucault bewahrt der moderne Staat aktiv das Leben und lässt das Sterben nur zu, im Gegensatz zum souveränen Staat der älteren Art, der aktiv zum Tode verurteilte und zu leben nur erlaubte. Der moderne Staat sorgt sich um die Geburtenrate, die Sterberate und die Gesundheitsversorgung seiner Bevölkerung. Wenn aber das Überleben seiner Einwohnerschaft für die Ziele des Staates von zentraler Bedeutung ist, wird der ‚natürliche' Tod eines jeden Individuums vom Staat passiv hingenommen und als Privatangelegenheit dieses Individuums behandelt. Bezeichnenderweise verstand Foucault den Raum des Museums als einen „andersartigen Raum", eine Heterotopie. Er sprach vom Museum als einem Ort, an dem Zeit angesammelt werde – und dass sich das Museum gerade dadurch vom Raum des ‚wirklichen Lebens' unterscheide. Fedorov hingegen versuchte, den Lebensraum mit dem Museumsraum zu vereinen, ihre Heterogenität zu überwinden, die er als ideologisch motiviert und nicht als ontologisch gegeben ansah. Bei der Überwindung der Grenzen zwischen Leben und Tod ging es ihm nicht um die Einführung von Kunst in das Leben, sondern um eine radikale Musealisierung des Lebens, um die Überführung der gesamten Gesellschaft in den heterotopischen Museumsraum. Durch diese Vereinigung von Lebensraum und Museumsraum wird die museale Konservierung zur Technologie des ewigen Lebens. Eine derartige Technologie ist natürlich nicht mehr „demokratisch": Niemand erwartet von den Kunstwerken, die in einer Museumssammlung aufbewahrt werden, dass sie den Kurator dieses Museums, der für sie sorgen soll, demokratisch wählen. Sobald die Menschen radikal modern werden – das heißt, sobald sie als Körper unter anderen Körpern, als Dinge unter anderen Dingen verstanden werden –, müssen sie akzeptieren, dass die staatlich organisierte Technik sie entsprechend behandelt. Diese Akzeptanz hat allerdings eine entscheidende Voraussetzung: Das explizite Ziel der neuen Macht muss das ewige Leben hier auf Erden für alle sein. Erst dann hört der Staat auf, eine partielle, begrenzte Biomacht zu sein, wie sie Foucault beschrieben hat, und wird zu einer totalen Biomacht.

Heidegger geht davon aus, dass das individuelle Dasein, wenn es den Verlust seiner Welt überlebt, zu einem Ding in der Welt der anderen wird. In unserer heutigen Welt ist ein solches Überleben jedoch nicht die Ausnahme, sondern eher die Regel. Unsere Welt ist nämlich von Migration geprägt – Menschen fliehen vor Kriegen und wirtschaftlichen Katastrophen. Sie lassen ihre symbolischen Körper zurück und bringen nur die

Krankheitsgeschichten mit. Tatsächlich lassen sich ihre früheren Kulturen auch als ihre früheren Krankheiten betrachten. Aber sogar dann, wenn die Menschen zu Hause bleiben, kann ihre Welt verschwinden – weil sie ausgelöscht wird durch technischen Fortschritt, Krieg oder Revolution. Heideggers Putzfrau war wahrscheinlich eine Bäuerin gewesen, bevor sie aufgrund einer Wirtschaftskrise in die Stadt kam, wo sie ihre neue Arbeit fand.
114 Die erste Folge jeder technischen oder politischen Revolution ist der Verlust der Funktionalität vieler menschlicher Körper – analog zur Defunktionalisierung von Kunstwerken als Konsequenz von künstlerischen Revolutionen.

In seinem Werk *Die Geburt der Klinik* thematisiert Foucault die frühe, noch utopische Version dieses Zusammenhangs zwischen Revolution und Gesundheit. Er zitiert Sabarot de l'Avernière, einen überaus produktiven Autor der Revolutionsepoche, der über die Reichen aus der Zeit des Ancien Régime schreibt:

„Ihr Leben im Überfluss, umgeben von den Freuden des Daseins, ihr jähzorniger Stolz, ihr bitterer Spleen, ihre Ausschweifungen und Exzesse, zu denen ihre Verachtung aller Prinzipien sie verleitet, lassen sie zu einer Beute von Gebrechen aller Art werden; bald […] sind ihre Gesichter zerfurcht, ihr Haar wird weiß, und Krankheiten raffen sie vorzeitig dahin. Die Armen hingegen, die der Willkür der Reichen und ihrer Könige unterworfen sind, kennen nur Steuern, die sie in die Armut treiben, Mangel, der nur den Profiteuren zugutekommt, und ungesunde Wohnverhältnisse, die sie zwingen, ‚entweder auf die Gründung von Familien zu verzichten oder schwache, elende Kreaturen zu zeugen'."[79]

Die harte Arbeit des Daseins wird hier als Folge der Ausbeutung der Armen durch die Reichen verstanden. Die Revolution hat das Ziel, den menschlichen Körper von dieser Ausbeutung zu befreien und ihn gesund zu machen:

„Und in einer endlich freien Gesellschaft, in der die Ungleichheiten abgebaut worden sind und in der Eintracht herrscht, würde der Arzt nur noch eine vorübergehende Aufgabe haben: dem Gesetzgeber und Bürger Ratschläge zur Regulierung seines Herzens und Körpers zu geben. Akademien und Hospitäler wären dann nicht mehr nötig. [...] Und allmählich würde in dieser jungen Stadt, die ganz dem Glück des Besitzes der Gesundheit gewidmet ist, das Gesicht des Arztes verblassen und in der Erinnerung der Menschen nur noch eine schwache Spur hinterlassen, aus einer Zeit der Könige und des Reichtums, in der die Bevölkerung aus verarmten, kranken Sklaven bestand."[80]

Die Revolution wird hier als die Befreiung des menschlichen Körpers von harter Arbeit verstanden. Die Gesellschaft der Arbeit wird durch die Gesellschaft der Sorge ersetzt – Fürsorge durch Institutionen und Selbstsorge.

Man könnte sagen, dass der menschliche Körper durch das System der Sorge zu einem Readymade wird. Er wird defunktionalisiert, aus dem Kontext seiner früheren Beschäftigungen herausgenommen. In der modernen Gesellschaft kennt der Mensch sich selbst als arbeitend und/oder um Anerkennung kämpfend. Was aber geschieht mit einem Körper, der durch Krankheit oder Alter seine Arbeits- und Kampffähigkeit verloren hat? Er wird nutzlos. Er wird zu einem defunktionalisierten Körper der Sorge. Wir wissen, was uns nach dem Ende unserer Arbeitstage erwartet – nicht das Paradies, sondern das Krankenhaus beziehungsweise das Museum. Unsere Körper, die während des größten Teils unseres Lebens nur als Arbeitsmittel benutzt wurden, werden dann zu kostbaren Objekten der Fürsorge. Wir neigen dazu zu glauben, dass unser Wert sich nach unserem Nutzen für die Gesellschaft, in der wir leben, bemisst. Aber das System der Sorge transzendiert in Wirklichkeit das System der Arbeit. Die Sorgestruktur schließt auch jene Körper mit ein, die nie arbeiten konnten und nie dazu in der Lage sein werden. Das universelle System der medizinischen Versorgung ersetzt die Sorge der Oberschicht, von der Kojève sprach, so wie das Museum den Palast ersetzt.

Die Medizin erfüllt nicht alle unsere Wünsche, sondern nur den elementarsten – das Streben nach Selbsterhaltung. Das ist nicht viel. Aber es zeigt, dass unsere Existenz mehr wert ist als unsere Arbeit. Geheilt zu werden ist nicht dasselbe wie wieder in einen benutzbaren Zustand gebracht zu werden. Wenn nun aber das Sorgesystem dem lebendigen Körper des Patienten einen höheren Wert beimisst als seiner wirtschaftlichen Verwertung, was kann man dann über den Wert der Sorgearbeit sagen?

Kapitel 11 Werktätigkeit und Arbeit

In ihrem ursprünglich auf Englisch verfassten Buch *The Human Condition* – von ihr selbst ins Deutsche übersetzt unter dem Titel *Vita activa oder Vom tätigen Leben* – argumentiert Hannah Arendt, dass Sorgearbeit traditionell weniger wertgeschätzt werde als produktive Arbeit. Im antiken Griechenland galt die Sorgearbeit als Sklavenarbeit, weil sie den Körper des Herren zum Gegenstand hatte. Dementsprechend unterscheidet Arendt zwischen „Werktätigkeit“, verstanden als produktiver Prozess, und „Arbeit“, verstanden als unproduktive Sorgearbeit, und schreibt: „Denn es ist ja gerade das Kennzeichen der Arbeit, daß sie nichts objektiv Greifbares hinterläßt, daß das Resultat ihrer Mühe gleich wieder verzehrt wird und sie nur um ein sehr Geringes überdauert. Und dennoch ist diese Mühsal, die so gar nichts Dauerndes zustande bringt, in ihrer Vergeblichkeit von einer unüberbietbaren Dringlichkeit, und ihre Aufgaben gehen allen anderen Aufgaben vor, weil von ihrer Erfüllung das Leben selbst abhängt.“[81]

Ferner argumentiert Arendt, dass es Marx war, der das Verhältnis zwischen Werktätigkeit und Arbeit umkehrte und die produktive Arbeit der unproduktiven Arbeit – der kein Werk schaffenden Arbeit – unterordnete, indem er den Begriff der „Arbeitskraft“ einführte. Die Sorgearbeit ist unproduktiv, aber sie produziert „Arbeitskraft“, die alles andere produziert. Die Menschen besitzen „Produktivität“:

„Nur beruht diese ‚Produktivität‘ nicht in den jeweiligen Ergebnissen der Arbeit selbst, sondern vielmehr in der Kraft des menschlichen Körpers, dessen Leistungsfähigkeit nicht erschöpft ist, wenn er die eigenen Lebensmittel hervorgebracht hat, sondern imstande ist, einen ‚Überschuß‘ zu produzieren, d. h. mehr,

als zur ‚Reproduktion‘ der eigenen Kraft und Arbeitskraft notwendig ist. Daher ist die Einführung des Begriffs der ‚Arbeitskraft‘, wie schon Engels bemerkte, in der Tat Marx' wesentlichster Beitrag zur Theorie der Arbeit; es ist der Kraftüberschuß des menschlichen Körpers, und nicht die Arbeit selbst, worin das eigentlich ‚Produktive‘ des Arbeitens besteht.“[82]

Dadurch wird jede Werktätigkeit zur Arbeit, „wenn man ihre Produkte nicht mehr als Dinge versteht, die einen weltlich gegenständlichen Bestand haben, sondern als das Resultat der lebendigen Arbeitskraft und als Funktionen des Lebensprozesses“[83]. Arendt hält auch die sogenannte „intellektuelle Arbeit“ für eine Variante der Sorgearbeit – wobei die Fürsorge hier nicht lebenden Organismen gelte, sondern großen bürokratischen Strukturen, in denen die Sorge um sie in ähnlicher Weise keine erkennbaren Spuren hinterlasse. Offensichtlich ähnelt für Arendt die Figur des modernen Intellektuellen Kojèves Figur des Weisen: Der Philosoph war kreativ, der Weise aber ist dienend und sorgend.

Dieses Fehlen von materiellen, ‚weltlichen‘ Spuren menschlicher Arbeit irritiert Arendt. Offenbar sehnt sie sich zurück nach Nietzsches „Monumentalgeschichte“ der „großen Männer“ (und Frauen), die eine generationenübergreifende, transhistorische Kette der Solidarität aufgebaut und die Welt geschaffen haben, in der wir heute noch leben. Wenn jede Tätigkeit als unproduktive Arbeit verstanden wird, geht die Welt tatsächlich völlig im Leben auf. Das Leben selbst wird dann ein transhistorischer Prozess, aber ein kollektiver, gemeinschaftlicher. Diese Art von Prozess ist fließend. Das Individuum taucht auf der Oberfläche dieses Flusses kurz auf und verschwindet dann wieder, ohne die Möglichkeit zu einer historischen Stabilisierung. Hier kommt der Heidegger'sche „Weltverlust" wieder zum Vorschein. Wenn das Dasein Selbstsorge betreibt, sorgt es für seine Welt. Wenn das Dasein zum Leben wird, sorgt ein anderer für es. Aber wie wird das Dasein zum Leben? Arendt spricht von dem Schmerz, der uns die Welt um uns herum vergessen lässt, und fährt fort:

„Die einzige Tätigkeit, die der Weltlosigkeit, oder besser dem in der Schmerzempfindung stattfindenden Weltverlust, genau entspricht, ist das Arbeiten, in dessen Tun der menschliche Körper auch auf sich selbst zurückgeworfen ist, wenn auch in einer aktiv-tätigen und nicht einer passiv-leidenden Weise. Die Arbeit als der Stoffwechsel des Menschen mit der Natur hält den Arbeitenden in seinem schieren Lebendigsein gefangen, ohne daß er, wenn er keine andere Tätigkeit kennte als das Arbeiten, jeden immer wiederkehrenden Kreislauf der Körperfunktionen übersteigen oder von ihnen sich befreien könnte."[84]

Das Leben offenbart sich im Schmerz. Wenn Marx, wie Arendt ihn interpretiert, die menschliche Geschichte als den Stoffwechsel der Menschheit mit der Natur auffasste, bedeutet das nichts anderes, als dass Marx die Menschheit vom Schmerz geplagt sah.

Wie bereits gesagt, benötigen nicht nur die menschlichen Körper, sondern auch die Dinge der Welt die Sorgearbeit, die sie schützt und bewahrt. Und Arendt selbst erklärt recht gut, warum diese Arbeit scheitern kann und sogar muss. Sie führt dafür den Begriff der „Natalität" ein. Dieses Konzept bedeutet, dass „Menschen geboren werden, und mit ihnen der Neuanfang, den sie handelnd verwirklichen können kraft ihres Geborenseins"[85]. Man kann nichts über die eigene Lebenszeit hinaus bewahren. Und das bedeutet genau genommen, dass alles absorbiert wird von der Sorge im Zusammenhang mit dem Stoffwechsel des Lebens mit der Natur. Gegen Ende ihres Buches schreibt Arendt, dass das Leben zum einzigen Ziel des Menschen geworden sei – und zwar nicht ein individuelles Leben, sondern das Leben des „vergesellschafteten Menschen". Für diese Verschiebung der Lebensauffassung macht Arendt wiederum Marx verantwortlich, erklärt aber gleichzeitig den Sieg des Menschen als *animal laborans* für historisch unausweichlich – wenngleich bedauerlich.

Der vergesellschaftete Mensch oder, genauer gesagt, der vergesellschaftete menschliche Körper ist laut Arendt das wichtigste historische Ergebnis des Kampfes zwischen der Gesellschaft des Privateigentums und der Arbeiterbewegung. Die ursprüngliche Form des Privateigentums ist die Privatsphäre des menschlichen Körpers: Die Entwicklung des Privateigentums kann als eine Ausweitung der Privatsphäre durch den Prozess der Aneignung seiner Umgebung vonseiten des menschlichen Körpers gesehen werden. Arendt unterstreicht die Tatsache, dass sogar in sozialistischen Gesellschaften die physiologischen Funktionen des Körpers privat bleiben. Hierzu schreibt sie:

„In dieser Hinsicht ist der Körper wahrlich das Urbild allen Eigentums, da er dasjenige ist, was man beim besten Willen nicht gemeinsam besitzen oder mit einem anderen teilen kann. Nichts ist weniger gemeinsam und entzieht sich mit solcher Bestimmtheit der Mitteilbarkeit als körperliche Freuden und Leiden, die

Lust und Unlust des Leiblichen, die sich der Sichtbarkeit und Hörbarkeit und damit der Öffentlichkeit entziehen.“[86]

Das Aufkommen öffentlicher und privater Fürsorgeeinrichtungen und parallel dazu der Aufstieg der Arbeiterbewegung, zu der auch das Sorgepersonal gehört, führt jedoch zum Verlust der Privatsphäre. Mein eigener Körper gehört nicht mehr mir. Seine physiologischen Funktionen, einschließlich seiner Fortpflanzungsfähigkeit, werden zum Gegenstand politischer Debatten und bürokratischer Verfahren. Jeder lebt in der Erwartung des Schmerzes – und somit in der Erwartung des Verlustes der eigenen Welt und der Vergesellschaftung als Gegenstand der Fürsorge. Das erklärt, warum die Privatsphäre heute ihren geschützten Status in einem Maße verloren hat, das Arendt sich nicht hätte vorstellen können.

Das Sorgesystem ist ein Medium, durch das der Stoffwechsel des vergesellschafteten Körpers mit der Natur stattfindet. Dieser Körper ist physisch und politisch zugleich. Seine intimsten Funktionen sind institutionell zugänglich und werden zum Thema der öffentlichen Diskussion. Diese Situation ist aber nicht neu. In der Feudalgesellschaft, in der die Macht durch das mit der Geburt erworbene Recht vererbt wurde, war der Körper des Herrn die Grundlage der politischen Legitimation. Deshalb hatte die Sorge um seinen Körper höchste politische Priorität. In der bürgerlichen Gesellschaft verlor der Körper seine politische Bedeutung und wurde zu einem bloßen Werkzeug, das für soziale Aktivitäten oder die Arbeit verwendet wurde. Infolgedessen begann die Distanzierung der Körper voneinander aufgrund ihres symbolischen Status. Die Erfahrung von Intimität konnte nur beim Sex und im Krieg gemacht werden – also in Situationen, die eine Ausnahme von der herrschenden symbolischen

Ordnung darstellten. Für das System der Sorge hingegen sind alle Körper intim und politisch zugleich. Hier werden das Intime und das Politische, der physische Körper und der symbolische Körper, völlig eins.

Diese neuartige Identität des Intimen und des Öffentlichen zeigt sich deutlich in den heutigen sozialen Medien. Social Networks wie Facebook oder Instagram bieten der Weltbevölkerung die Möglichkeit, ihre intimsten Fotos, Videos und Texte zu posten und für jedermann zugänglich zu machen – und die Internetnutzer haben keine Skrupel, davon Gebrauch zu machen. In der Ära des klassischen massenkulturellen Spektakels sprach Andy Warhol in einer berühmt gewordenen Prophezeiung von den fünfzehn Minuten Ruhm, in denen ein Individuum die Chance haben werde, die Aufmerksamkeit der Medien zu erlangen. Warhol produzierte aber auch Filme wie *Sleep*, der einen Mann mehrere Stunden lang beim Schlafen zeigt. Hier wurde das Private öffentlich. Es war damals wirklich der Beginn des neuen Zeitalters, in dem wir immer noch leben. Durch das Internet begannen unsere symbolischen Körper mehr und mehr mit unseren physischen Körpern eins zu werden. Da immer mehr Menschen das Internet nutzen, um ihre privatesten Bedürfnisse und Begierden zu befriedigen, werden diese Bereiche immer stärker öffentlich zugänglich. Heutzutage dienen die Accounts in den sozialen Netzwerken als primäre Versionen der symbolischen Körper – sie fungieren als nahezu unvermittelte Erweiterungen der physischen Körper der Nutzer. Das Internet ist passiv – es reagiert nur auf unsere Wünsche, unsere Fragen, unsere Klicks. Aber das Internet ist nicht bloß ein Spiegel, sondern auch eine Kamera, die ein Bild von unserem begehrenden Selbst produziert. Und der Inhalt der Accounts bezieht sich meist auf das gewöhnliche Alltagsleben, das als solches völlig uninteressant ist. Wenn die Ideologie der Kreativität von einem Individuum verlangte, sich als anders, ungewöhnlich, ja sogar außergewöhnlich zu präsentieren, verlangt die zeitgenössische Weltanschauung stattdessen die Selbstdarstellung als ein Mensch unter vielen. Das ist natürlich die beste Strategie des Selbstschutzes in einer sehr heterogenen Gesellschaft, die für jeden jederzeit gefährlich werden kann. Zu Beginn des Internetzeitalters herrschte ein seltsames Vertrauen in dieses neuartige Netzwerkzeug. Dieses Vertrauen ist im Lauf der Zeit völlig verloren gegangen – nicht nur wegen des weitverbreiteten Wissens um die Internet-Überwachung, sondern auch wegen der Nutzung des Netzes als Medium für die Verbreitung von Hass aller Art. In diesem Sinne dient der Rückzug in die Intimität in erster Linie dem Ziel des Eigenschutzes. Das bedeutet aber auch, dass unsere privaten, persönlichen Körper symbolisch geworden sind. Das Leben ist aus ihnen gewichen – symbolische Körper können keinen Schmerz empfinden. Die narzisstische Selbstentblößung fungiert hierbei als Anästhesie. Die Vergesellschaftung und Politisierung des eigenen Körpers scheint die Empfindung des Schmerzes als ‚eigener' Schmerz zu verhindern – noch vor dem Beginn einer medizinischen Behandlung. Die Enthüllung des eigenen Körpers funktioniert hier als eine Form von Mimikry.

In seinem der Mimikry gewidmeten Buch wendet sich Caillois gegen die weitverbreitete Auffassung, Mimikry sei die Fähigkeit eines Organismus, sich visuell in seine Umgebung zu integrieren.[87] In der Tat wird Mimikry normalerweise mit Konformismus in Verbindung gebracht – mit dem schützenden Wunsch, durchschnittlich zu werden, so auszusehen und zu handeln wie alle anderen. Caillois wollte beweisen, dass es sozusagen nonkonformistische Formen der Mimikry gibt. Er wies nach, dass einige Insekten vortäuschen, größer und stärker zu sein, als sie in Wirklichkeit sind – mit dem Ziel, mögliche Angreifer abzuschrecken.[88] Man kann dieses Buch als eine Parodie auf die surrealistische Bewegung lesen, deren Mitglieder versuchten, sich als gefährlicher darzustellen, als sie tatsächlich waren, aber in Wirklichkeit präsentiert Caillois hier eine viel allgemeinere

Theorie der Kreativität als Selbstschutz und Selbstsorge. Er postuliert, Kreativität sei kein Ausbruch innerer Energie und des Willens zur Macht, sondern vielmehr eine geschickte Nachahmung eines solchen Ausbruchs, die den schwachen physischen Körper, der sich dahinter verberge, schütze. Diese Theorie lässt sich auf Nietzsche anwenden, aber nicht nur auf ihn. In seiner Theorie des Blicks hat Lacan dieses Buch von Caillois benutzt, um darauf hinzuweisen, dass die Kunst und insbesondere die Malerei immer einen Weg darstellen, den Künstler nicht zu entblößen, sondern ihn davor zu schützen, dem Blick eines Gegenübers ausgesetzt zu sein. Lacan behauptete, dieser Blick einer anderen Person sei immer ein böser Blick. Indem sie Kunstwerke schaffen, versuchen die Künstler, den fremden Blick von ihren eigenen Körpern auf den Körper ihres Werks zu lenken – und damit den bösartigen, verletzenden Blick des Betrachters zu entwaffnen. Kreativität wird hier nicht als Effekt eines Energieüberschusses verstanden, der der Welt einen künstlerischen Willen aufzwingt, sondern als Verteidigung des Schwachen gegen die Aggression des anderen. Die Enthüllung der Intimität des eigenen privaten Körpers und seiner Bedürfnisse und Begierden ist der ökonomischste Weg, einen schützenden symbolischen Körper zu schaffen, der dem bösen Blick eines Gegenübers standhalten kann.

Unsere Kultur wird oft als narzisstisch beschrieben. Narzissmus wird hierbei verstanden als totale Konzentration auf sich selbst, als Desinteresse an der Gesellschaft. Es wäre jedoch falsch zu behaupten, der mythologische Narziss sei asozial gewesen. Er war verzaubert von der Spiegelung seines Körpers im See als ‚objektivem', profanem Bild, das erzeugt worden war von der Natur und potenziell für jeden zugänglich war. Und er nahm an, dass auch andere von seinem weltlichen Bild fasziniert sein würden. Als Teil der griechischen Kultur wusste er, dass er und die anderen Griechen denselben ästhetischen Geschmack hatten. Der Mensch von heute kann sich jedoch nicht auf das Aussehen verlassen, mit dem er geboren wurde: Er muss Selbstoptimierung betreiben und sein eigenes Erscheinungsbild produzieren, um in der äußerst heterogenen Gesellschaft, in der wir leben, einen positiven Eindruck zu erwecken. Sogar diejenigen, deren Aktivitäten sich auf die Aufnahme von Selfies beschränken, verbreiten diese aktiv, um die gewünschten „Likes" zu erhalten. Niemand ist so sehr am Fortbestand und am Wohlergehen der Gesellschaft interessiert wie die heutigen Narzissten.

Dieses Interesse ist typisch für die moderne, säkulare, atheistische Gesellschaft. Früher galt der Wunsch nach Anerkennung und Bewunderung durch andere Menschen als Sünde, weil er die einzig wahren spirituellen Meriten durch ‚weltliche' Erfolge ersetzte – weil somit äußere statt innere Werte zählten. Die wichtigste Beziehung des Subjekts zur Gesellschaft war religiöser und ethischer Natur. Im säkularen Zeitalter wurde Gott durch die Gesellschaft ersetzt, und die Beziehung der Individuen zu dieser wurde nicht mehr ethisch, sondern erotisch. Um als Einzelperson zu überleben, musste man nunmehr gemocht werden. Und um beliebt zu sein, musste man sympathisch wirken. An die Stelle

der Religion trat das Selbstdesign. Infolgedessen wurde durch das Persönlichkeitsdesign die ganze Gesellschaft zu einem Ausstellungsraum, in dem der Einzelne sowohl als Künstler wie auch als selbstproduziertes Kunstwerk auftritt. Die Selbstgestaltung ist eine Form des Selbstschutzes, der Selbstsorge – und entzieht sich damit Kants berühmter Unterscheidung zwischen interesseloser ästhetischer Betrachtung und interessengeleitetem Gebrauch der
 Dinge. Das Subjekt des Selbstdesigns hat unübersehbar ein vitales Interesse an dem Erscheinungsbild, das es der Außenwelt darbietet. Und die Entscheidung des Betrachters, dieses Bild zu mögen oder nicht zu mögen, hat schwerwiegende persönliche und politische Konsequenzen. Deshalb ist das Subjekt der Selbstgestaltung nicht nur an seinem eigenen Bild interessiert, sondern auch an der Existenz der Zuschauer dieses Bildes. So wie ein Liebender am Vorhandensein eines Partners interessiert ist, um von ihm geliebt zu werden, ist das Subjekt der Selbstgestaltung an der Existenz und Struktur der Gesellschaft interessiert, um Anerkennung und Bewunderung zu erhalten. Der narzisstische Wunsch nach Bestätigung stärkt die bestehende symbolische Ordnung der Gesellschaft, weil es diese Strukturen sind, auf die sich das Begehren richtet. Der menschliche Körper wird hier zum Kunstwerk, vergleichbar mit einem Museumsstück. Man sehnt sich danach, gemocht und umsorgt zu werden.

Wie aber kann man dem Zwang zur Selbstdarstellung, zur Schaffung eines schützenden Bildes, zur Selbstgestaltung entkommen? Dies ist das eigentliche Problem, mit dem jede revolutionäre Theorie konfrontiert ist. Es lässt sich behaupten, dass Alexander Bogdanov mit seinem Konzept der Tektologie die klarste Analyse dieses Problems vorgelegt hat. Er beschrieb den revolutionären Prozess mit den Begriffen der Egression und Degression. Egressiv nennt er alle traditionellen, zentralisierten, autoritären Formen der gesellschaftlichen Organisation: „Ihre Strukturen waren in der Geschichte der Menschheit sehr unterschiedlich: patriarchalische Kommune, feudale Formation, Sklavenhalterwirtschaft, östlicher Despotismus, Bürokratie, moderne Armee, kleinbürgerliche Familie usw.“[89] Alle diese Organisationsformen haben sich jedoch als instabil erwiesen, da es für jede zentralisierte Macht schwierig ist, die Gesellschaft in ihren kleinsten Einheiten zu kontrollieren. Infolgedessen verselbstständigten sich diese Einheiten weitgehend und das egressive, autoritäre Ganze löste sich auf. Das wurde besonders deutlich, als das Ancien Régime mit der Industriellen Revolution konfrontiert wurde:

„In der maschinellen Produktion wird zwischen der Hand des Menschen und dem Arbeitswerkzeug eine neue Verbindung der Egression – ein Mechanismus – eingeführt. Auf diese Weise wird auch eine Erweiterung der Egression erreicht, und zwar eine ziemlich bedeutende: Der Mechanismus unterliegt nicht mehr der biologischen Begrenzung durch die Organe des Körpers und kann gleichzeitig eine unendlich große Anzahl von Instrumenten steuern. Anschließend entwickelte sich die Egression weiter zu einer Abfolge von Mechanismen, wobei einige von ihnen andere

in Gang setzten oder regulierten."[90]

Die Kontrollketten werden jedoch so lang und schwierig zu handhaben, dass sich das egressive Steuersystem auflöst. Die postegressive Organisation beruht im Unterschied dazu auf dem Prinzip der Plastizität:

„Dies bezeichnet den mobilen, flexiblen Charakter der Verbindungen des Komplexes und eine leichte Umgruppierbarkeit seiner Elemente. Dies hat eine enorme Bedeutung für die Entwicklung der Organisation. Je plastischer der Komplex ist, desto größer ist die Zahl der Kombinationen, die unter allen möglichen Bedingungen, die zu Veränderungen führen, gebildet werden können, desto umfangreicher ist das zur Auswahl zur Verfügung stehende Material, und desto schneller und vollständiger ist seine Anpassung an diese neuen Umstände."[91]

Die Plastizität stellt jedoch eine Gefahr für lebende Organismen dar, da deren Formen instabil werden. Als Reaktion auf diese Gefahr wird die plastische Organisation degressiv bzw. „skelettartig". Unter einem Skelett versteht Bogdanov alle Arten von Schutz des Organismus, darunter zum Beispiel auch die Haut. Man fühlt sich hier an Caillois' Buch über die Insekten erinnert, die ein Außenskelett haben, das sie durch eine Art (Anti-)Mimikry gefährlich aussehen lässt. Tatsächlich schreibt Bogdanov: „Dazu gehören die Kleidung – ein zusätzliches äußeres Skelett des Körpers – und die Unterkunft, ein analoges Skelett höherer Ordnung; Kisten und Kästen für die Aufbewahrung von Arbeitsprodukten aller Art, Gefäße für Flüssigkeiten usw."[92] Man könnte noch Krankenhäuser und Museen hinzufügen. Was ich den symbolischen Körper nenne, wird von Bogdanov ebenfalls als äußeres Skelett aufgefasst: „Symbole verschiedener Art, insbesondere das typischste und am weitesten verbreitete von ihnen – das Wort – stellen einen außerordentlich wichtigen und interessanten Fall von Degression dar."[93] Tatsächlich versteht Bogdanov die Sprache – zusammen mit allen Ritualen und Konventionen ihres Gebrauchs – als ein Skelett der degressiven Gesellschaft. Zu dieser Art von Gerüst gehören auch die Kunstwerke. Bogdanov hat sehr früh ihre primär schützende Funktion erkannt.

So schreibt er: „Der Punkt liegt genau in dieser Stabilität: Symbole fixieren, d. h. sie befestigen, halten und schützen das lebendige plastische Gewebe der mentalen Bilder vor dem Zerfall, ganz analog dazu, wie das Skelett das lebendige plastische Gewebe der kolloidalen Proteine unseres Körpers fixiert."[94] Die am stärksten skelettierte und verknöcherte Organisationsform der Gesellschaft ist das Erziehungssystem, das paradoxerweise dazu neigt, den schützenden Charakter des individuellen menschlichen Skeletts zu zerstören: „So wird dem Kind zum Beispiel gesagt, dass es keine Geheimnisse haben soll oder dass es niemals lügen darf. Das ist bequem für die Erzieher, aber in der heutigen Realität ist ein Mensch dem Untergang geweiht, wenn er nicht in der Lage ist, seine Gefühle und Gedanken zu verbergen."[95] Unter Berufung auf Marx schreibt Bogdanov weiter, dass es das technische Skelett sei, welches das ökonomische und ideologische Skelett einer Gesellschaft definiere: „Hier laufen die primären Auswahl- und Anpassungsprozesse ab, von denen die späteren Veränderungen im Entwicklungsprozess der Gesellschaft abhängen: Der Ausgangspunkt sozialer Veränderungen oder deren Grundlagen erweisen sich stets als technische Formen."[96] Es ist bemerkenswert, dass auch bei Heidegger das Wort „Gestell" – das als Knochengestell ein Synonym von Skelett sein kann – von zentraler Bedeutung für seine Theorie der Technik ist. Ein weiterer semantisch verwandter Begriff ist „Apparat", und Heidegger argumentiert, der technosoziale Apparat präge unseren Blick auf die Welt. Aber wir übersehen das Gestell gerade deshalb, weil es unsere Sichtweise lenkt und rahmt.[97]

Bogdanovs Analyse erklärt, warum in einer ‚demokratisierten' Gesellschaft alle Projekte, die auf weitere Demokratisierung, Horizontalität und Plastizität abzielen, ins Leere laufen. Diese Projekte richten sich gegen den Autoritarismus und die „egressiven" Mächte, in der Hoffnung, dass alle Spuren dieser autoritären Mächte beseitigt werden können und eine vollkommen flache, horizontale, ‚rhizomatische' Gesellschaft im Zeichen der Freiheit entstehen kann. Bogdanov zeigt jedoch, dass auch horizontale Gesellschaften immer noch die Sprache und andere Rituale der gegenseitigen Verständigung nutzen müssen. Deshalb bleiben die Individuen in das degressive System von Regeln, Rechten und Pflichten eingebunden, das ihr eigenes und das soziale Skelett bildet. Und die Gesellschaft basiert immer noch auf der Annahme, dass die Körper ihrer Mitglieder mit deren äußerem Skelett übereinstimmen – mit anderen Worten, dass diese Mitglieder nicht lügen noch betrügen. Das bedeutet, dass die Kämpfe um die Horizontalität ihr eigentliches Ziel nicht erreichen. Demokratisierte Gesellschaften werden nicht von autoritären Mächten kontrolliert, sondern von ihrem Skelett, ihrem Gestell – den Regeln der Kommunikation, der Art der Entscheidungsfindung, der gemeinsamen Sprache, der gemeinsamen Lebensweise, der Technologie, die diese Gesellschaften verwenden. Wenn man eine noch weitergehende Demokratisierung und Horizontalität fordert, werden die Verfahrensregeln, die Technologie des gemeinsamen Lebens, noch wichtiger, und damit wird das soziale Skelett noch starrer und verknöcherter.

Deshalb glaubt Bogdanov, dass nur eine stark zentralisierte und wirklich egressive Bewegung das konservative Skelett der demokratischen Gesellschaft aufbrechen und wahrhaft emanzipatorisch wirken kann. Durch solche egressiven Bewegungen brechen Individuen und soziale Gruppen aus dem schützenden Skelett aus und fangen an, sich selbst und ihr Umfeld zu kontrollieren. Nach Bogdanov können nur ein religiöser Kult oder eine politische Partei zu einer derart störenden und transformativen Kraft werden, da beide egressiv und zentralisiert sind. Der religiöse Kult beruft sich jedoch notwendigerweise auf bereits bestehende Skelettformen von Traditionen und Ritualen – eine Religion kann niemals wirklich neu sein. Auch die Ideologie ist für Bogdanov degressiv. Eine authentisch revolutionäre, egressive Partei darf sich also nicht auf eine starre Ideologie stützen. In dieser Hinsicht erinnert Bogdanovs Beschreibung der Egression an Georges Sorels Essay *Über die Gewalt*[98]. Sorel betont, dass Marx kein utopischer Denker gewesen sei und auf alle Projekte zur Gestaltung der Zukunft ironisch reagiert habe. Die Revolution ist nur dann wirklich revolutionär, wenn sie eine unvorhersehbare Zukunft eröffnet. Die Revolution ist aber auch nicht das Ergebnis der kreativen Einbringung zusätzlicher Energie, sondern entspricht der Entscheidung, die bestehende Ordnung nicht mehr zu stützen, nicht mehr für sie zu sorgen. Die Revolution erfordert nicht mehr, sondern weniger Energie als die alltägliche, „degressive" Arbeit. Sorel definiert den Generalstreik als die radikalste Form von revolutionärer Gewalt. Es ist nicht die Gewalt, die eine neue gesetzliche Ordnung durchsetzt (wie im Fall der Französischen Revolution), sondern im Gegenteil die

subversive Gewalt, die die alte Ordnung zusammenbrechen lässt und den Raum für das Entstehen einer neuen Ordnung eröffnet. Die Revolution muss ein Gefühl der Erleichterung hervorrufen – nicht das einer neuen Verpflichtung.

Bogdanov vertrat auch die Ansicht, dass die revolutionäre Partei keine bereits bestehenden Skelettformen verwenden sollte. Sie könne nur dann effektiv sein und Erfolg haben, wenn sie radikal zentralisiert werde. Bogdanov zeigt die Gefahren der Dezentralisierung für eine solche Partei an einem Beispiel aus der Geschichte der Sozialdemokratischen Arbeiterpartei Russlands. Das bedeutet nicht, dass Bogdanov davon ausging, dass die Bolschewiken für immer egressiv und ein Unruheherd sein würden. Vielmehr glaubte er, dass auf die Errichtung eines neuen egressiven Regimes zwangsläufig eine Periode der Degression und Verknöcherung folgen würde. Die Kräfte der Egression und der Degression befinden sich in einem ewigen Konflikt. In jedem einzelnen Moment kann man zwischen ihnen wählen, aber man kann sich nicht völlig davon befreien, von beiden konditioniert zu werden.[99]

Das Spannungsverhältnis zwischen Egression und Degression kann als Auseinandersetzung zwischen Selbstsorge und Fürsorge verstanden werden. Degressive, skelettartige Systeme sind Systeme des Schutzes, der Fürsorge. Sie sind nach technologischen, wirtschaftlichen und administrativen Regeln und Zwängen organisiert, die das Skelett der Gesellschaft definieren. Vom Patienten wird erwartet, dass er sich an die herrschenden Konventionen hält: Er muss sich um die passende Krankenversicherung bemühen, einen Arzt in der Nähe aufsuchen oder einen ihm von Freunden und Bekannten empfohlenen usw. Die Patienten können jedoch ihre relativ externe, exzentrische Position gegenüber dem degressiven medizinischen System nutzen, um eine egressive Bewegung in Gang zu setzen, die die Macht über dieses System ergreift – und es im Interesse der Patienten und ihrer Gesundheit umgestaltet. Hier beginnt die Selbstsorge sich gegenüber der Fürsorge durchzusetzen.

Die Problematik der medizinischen Versorgung war Bogdanov nicht fremd – von seiner akademischen Ausbildung her war er Arzt, und seine *Tektologie* ist voll von biologischen Beispielen und Bezügen. Eine Zeit lang war Bogdanov innerhalb der Sozialdemokratischen Arbeiterpartei Russlands neben Lenin einer der Führer der Bewegung, aus der zunächst die Bolschewiken und später dann die Kommunistische Partei hervorgingen. Im Jahr 1912 hatte Bogdanov jedoch seine revolutionären Aktivitäten aufgegeben. In der nachrevolutionären Zeit wurde er als Organisator des berühmten Proletkult aktiv. Dessen Grundidee war es, einfache Arbeiter und Bauern zum Kunstschaffen zu motivieren. Jeder wurde akzeptiert und es gab fast keine ästhetische Kontrolle oder Auswahl. In gewisser Weise war der Proletkult eine Verwirklichung von Marx' Idee der Entprofessionalisierung der Kunst – ihrer Befreiung von der Beherrschung durch den Kunstmarkt. Kunst sollte zum unmittelbaren Ausdruck des proletarischen Wunsches nach Selbstgestaltung werden, unabhängig von Kriterien wie Qualität oder Nützlichkeit. Deshalb ist es durchaus nachvollziehbar, dass der Proletkult von der kommunistischen Führung 1920 praktisch abgeschafft wurde – was dem tektologischen Prinzip der Zentralisierung egressiver Bewegungen entsprach.

Nach der Auflösung des Proletkults gründete und leitete Bogdanov ein Institut für Hämatologie und Bluttransfusion (1924–1928). Bogdanov war davon überzeugt, dass Bluttransfusionen

zwischen Vertretern der älteren und der jüngeren Generation zu einer Verjüngung der Älteren führen würden. Einigen Berichten zufolge waren die ersten Ergebnisse sehr vielversprechend.[100] Im Jahr 1928 tauschte Bogdanov jedoch sein eigenes Blut gegen das einer Studentin aus, die an Tuberkulose und Malaria erkrankt war. Infolge dieser Bluttransfusion starb Bogdanov – während die Studentin sich vollständig erholte.

Bogdanovs Experimente mit Blutübertragungen fügten sich in die postrevolutionäre Tendenz ein, die kommunistische Verheißung, auf der Erde ein glückliches Leben für alle zu schaffen, mit Fedorovs Versprechen zu verbinden, Unsterblichkeit und Auferstehung mit technischen Mitteln zu realisieren. Diese Tendenz wurde von einer Vielzahl von Intellektuellen der Partei geteilt, von Lunatscharski bis Trotzki. Am deutlichsten wurde sie im Manifest der Anhänger des damaligen Kosmismus-Immortalismus formuliert: Zu den Menschenrechten sollten das Recht auf Unsterblichkeit, regelmäßige Verjüngung und kostenlose, individuelle Reisen in den Weltraum gehören.[101] Wie die Funktionsweise des Instituts für Hämatologie und Bluttransfusion zeigt, teilte Bogdanov diese egressive Tendenz der biokosmistischen Bewegung – egressiv, weil ihre Ziele nur unter den Bedingungen einer zentralen Planung und Verwaltung realisierbar waren. Gleichzeitig sah Bogdanov aber auch schon die degressive

Verknöcherung dieser Bewegung voraus, falls sie erfolgreich werden sollte.

Diese Vorahnungen werden in einer Kurzgeschichte mit dem Titel „Tag der Unsterblichkeit" thematisiert, die er 1912 veröffentlichte.[102] Der Wissenschaftler Fride, der 1000 Jahre zuvor die Methode entdeckt hatte, Menschen unsterblich zu machen, soll am Jahrestag dieser Entdeckung gefeiert werden. Während dieser 1000 Jahre hatte Fride sich in verschiedenen Wissenschaften und Künsten versucht – und war in allen erfolgreich gewesen. Doch nun hat er seinen anfänglichen Enthusiasmus verloren, und die jahrhundertelange Beziehung zu seiner Frau ist für ihn zu einer Belastung geworden. Das menschliche Leben währt zwar nun ewig, aber die Zahl der möglichen menschlichen Gedanken und ihrer Kombinationen bleibt ebenso begrenzt wie die Zahl der möglichen Naturereignisse in allen ihren Variationen. Für Nietzsche war die begrenzte Anzahl möglicher Vorkommnisse in der endlichen, materiellen Welt ein Beweis dafür, dass das weltliche Dasein dem Gesetz der ewigen Wiederkehr des Gleichen unterliegt.[103] Walter Benjamin sah in dieser Nietzscheanischen Denkfigur den Versuch, inmitten einer von der Fortschrittsideologie beherrschten Kultur das individuelle Glück zu garantieren – einer Kultur, in der der Einzelne schier endlos warten musste, bis das Glücksversprechen durch kollektive Anstrengung erfüllt werden würde.[104] Doch was für einen sterblichen Menschen eine Hoffnung darstellte, wurde für einen Unsterblichen zum Fluch. Die ewige Wiederkehr des Gleichen wurde zu einer degressiven Form der Unsterblichkeit. Unter der totalen biopolitischen Kontrolle ist jedoch die einzig mögliche egressive Bewegung diejenige, die zurückführt zur menschlichen Sterblichkeit. Fride beschließt, Selbstmord zu begehen, und schreibt in seinem

Testament: „Nach eintausend Jahren meines Daseins bin ich zu dem Schluss gekommen, dass das Leben auf der Erde ein Zyklus von Wiederholungen ist, was besonders unerträglich für einen genialen Menschen ist, dessen ganzes Wesen sich nach Neuerungen sehnt. Dies ist eine der Antinomien der Natur. Ich löse sie auf durch meinen Selbstmord.“[105]

Als Methode, um sich das Leben zu nehmen, wählt Fride die Verbrennung auf dem Scheiterhaufen, weil er glaubt, dass diese Vorgehensweise die schmerzhafteste ist:

„Um Mitternacht wurde mit der Zündung eines Feuerwerks das zweite Jahrtausend der menschlichen Unsterblichkeit eingeläutet. Fride drückte einen elektronischen Schalter, der die Lunte in Brand steckte, und der Scheiterhaufen ging in Flammen auf. Schreckliche Schmerzen, an die er sich vage aus seiner Kindheit erinnerte, verzerrten sein Gesicht. Er kämpfte verzweifelt, um sich zu befreien, und ein unmenschlicher Schrei gellte durch den Alkoven. Aber die Eisenketten hielten ihn fest. Feuerzungen schlängelten sich um seinen Körper und zischten: ‚Alles wiederholt sich!‘“[106]

Fride will nicht nur bloß leben, sondern sich wirklich lebendig fühlen. Und wie Arendt zu Recht sagt, kann man sich nur im Schmerz als wahrhaft lebendig erfahren – sodass es scheint, als biete die Erfahrung extremer Schmerzen einen Ausweg aus der betäubten, maschinenartigen Existenzweise, die den Menschen der Zukunft durch die institutionelle Fürsorge aufgezwungen wird, die sie gesund, unsterblich und ewig gelangweilt macht. Der Akt der Selbstverbrennung folgt jedoch einem etablierten kulturellen Muster und führt Fride somit nicht aus dem Gefängnis der degressiven Wiederholungen heraus. Das Verbrennen auf dem Scheiterhaufen wurde nämlich über einen langen Zeitraum hinweg tatsächlich praktiziert, von der Verbrennung mittelalterlicher Hexen bis zum Feuertod von Giordano Bruno. Dagegen hat Bogdanov selbst sein Leben auf eine authentisch egressive Weise verloren – beim Versuch, durch das Opfer eines älteren Lebens ein jüngeres zu retten.

Anmerkungen

1 Michel Foucault, *The Birth of the Clinic*, London: Routledge, 1973, S. 198. Französische Erstausgabe: *Naissance de la Clinique*, Paris: Presses Universitaires de France, 1963. Aktuelle deutsche Ausgabe: *Die Geburt der Klinik*, Frankfurt/M.: Fischer, 2016.

2 Helmuth Plessner, *Levels of Organic Life and the Human*, New York: Fordham University Press, 2019, S. 267 ff. Deutsche Erstausgabe: *Die Stufen des Organischen und der Mensch. Einleitung in die philosophische Anthropologie*, Berlin: de Gruyter, 1928.

3 Platon, *Theaitetos* 151a (Übersetzung Friedrich Daniel Ernst Schleiermacher).

4 *Theaitetos* 151c.

5 Platon, *Politeia* 515c (Übersetzung Wilhelm Siegmund Teuffel) .

6 Ebenda.

7 Hier zitiert nach der englischsprachigen Ausgabe: Alain Badiou, *Plato's Republic: A Dialogue in Sixteen Chapters*, übersetzt von Susan Spitzer, Cambridge: Polity Press, 2012, S. 254.

8 Ebenda, S. 255.

9 Georg Wilhelm Friedrich Hegel, *Phänomenologie des Geistes*, Berlin: Holzinger, 2013, S. 304. (Textgrundlage dieser Ausgabe: Georg Wilhelm Friedrich Hegel, *Werke*, Frankfurt/M.: Suhrkamp, 1979.)

10 Ebenda, S. 306.

11 Ebenda, S. 307.

12 Ebenda, S. 309.

13 Ebenda, S. 305.

14 Georges Canguilhem, *The Normal and the Pathological*, New York: Zone Books, 1991, S. 201.

15 Ebenda, S. 286.

16 Friedrich Nietzsche, *Ecce Homo. Wie man wird, was man ist*, Berlin: Holzinger, 2013, S. 19. (Textgrundlage dieser Ausgabe: Friedrich Nietzsche, *Werke in drei Bänden*, Hg. Karl Schlechta, München: Hanser, 1954.)

17 Ebenda, S. 14.

18 Ebenda.

19 Ebenda, S. 29 f.

20 Ebenda, S. 53.

21 Ebenda, S. 54.

22 Filippo Tommaso Marinetti, *The Manifesto of Futurism*, in *Critical Writings*, Hg. Günter Berghaus, übersetzt von Doug Thompson, New York: Farrar, Straus and Giroux, 2006, S. 11–17.

23 Friedrich Nietzsche, *Unzeitgemäße Betrachtungen*, Berlin: Holzinger, 2014, S. 68. (Textgrundlage dieser Ausgabe: Friedrich Nietzsche, *Werke in drei Bänden*, Hg. Karl Schlechta, München: Hanser, 1954.)

24 Friedrich Nietzsche, *Ecce Homo*, a. a. O., S. 51.

25 Alexandre Kojève, *Introduction to the Reading of Hegel: Lectures on the Phenomenology of Spirit*, Hg. Allan Bloom, übersetzt von James H. Nichols Jr., Ithaca, NY: Cornell University Press, 1980, S. 3 f.

26 Ebenda, S. 6 f.

27 Alexandre Kojève, in Leo Strauss, *On Tyranny: Corrected and Expanded Edition, Including the Strauss-Kojève Correspondence*, Hg. Victor Gourevitch und Michael S. Roth, Chicago: University of Chicago Press, 2013, S. 261.

28 Kojève, „On Tyranny and Wisdom", in Strauss, *On Tyranny*, a. a. O., S. 172 ff.

29 Alexandre Kojève, *The Notion of Authority: A Brief Presentation*, übersetzt von Hager Weslati, London und New York: Verso, 2014. Ursprünglich veröffentlicht als *La notion de l'Autorité*, Paris: Gallimard, 2004.

30 Kojève, „Introduction" zu *The Notion of Authority*, a. a. O., S. 158–162.

31 Ebenda, S. 159.

32 Ebenda.

33 Ebenda.

34 Ebenda, S. 160.

35 Georges Bataille, *The Accursed Share*, Bd. 1, New York: Zone Books, 1991, S. 21 f. Französischer Originaltitel: *La Part maudite*. Deutsche Ausgabe: *Das theoretische Werk in Einzelbänden: Die Aufhebung der Ökonomie*, München: Matthes & Seitz, 1997 (enthält u. a. *Der verfemte Teil*).

36 Marcel Mauss, *The Gift: Forms and Functions of Exchange in Archaic Societies*, übersetzt von Ian Gunnison, London: Cohen & West, 1966, S. 14. Französischer Originaltitel: *Essai sur le don*. Aktuelle deutsche Ausgabe: *Die Gabe. Form und Funktion des Austauschs in archaischen Gesellschaften*, Frankfurt a. M.: Suhrkamp, 2016.

37 Ebenda, S. 95.

38 Bataille, *The Accursed Share*, a. a. O., Bd. 2/3, S. 261.

39 Ebenda, S. 322.

40 Ebenda, S. 321 f.

41 Ebenda, S. 219.

42 *The Bataille Reader*, Hg. Fred Botting und Scott Wilson, Oxford: Blackwell, 1997, S. 149.

43 Ebenda, S. 318.

44 Roger Caillois, *Man and the Sacred*, übersetzt von Meyer Barash, Champaign: University of Illinois Press, 1959, S. 36. Französischer Originaltitel: *L'homme et le sacré*. Deutsche Ausgabe: *Der Mensch und Heilige*, München: Hanser, 1988.

45 Ebenda, S. 37 f.

46 Ebenda, S. 90.

47 Ebenda, S. 96.

48 Ebenda, S. 107.

49 Ebenda, S. 108.

50 Ebenda, S. 125.

51 Ebenda, S. 136.

52 Gilles Deleuze, *Nietzsche and Philosophy*, übersetzt von Hugh Tomlinson, New York: Athlone Press / Continuum, 1983, S. 173. Französischer Originaltitel: *Nietzsche et la philosophie*. Aktuelle deutsche Ausgabe: *Nietzsche und die Philosophie*, Hamburg: CEP Europäische Verlagsanstalt, 2013.

53 Roger Caillois, *Man, Play and Games*, übersetzt von Meyer Barash, Urbana und Chicago: University of Illinois Press, 2001 [1961]. Französischer Originaltitel: *Les jeux et les hommes*. Aktuelle deutsche Ausgabe: *Die Spiele und die Menschen*, Berlin: Matthes & Seitz, 2017.

54 Ebenda, S. 74.

55 Ebenda, S. 115.

56 Richard Wagner, *Das Kunstwerk der Zukunft*, Leipzig: Verlag von Otto Wigand, 1850, S. 9 und 11 (Hervorhebung so im Original).

57 Ebenda, S. 26 f.

58 Ebenda, S. 210.

59 Friedrich Nietzsche, *Der Fall Wagner*, Berlin: Holzinger, 2013, S. 9 f., Hervorhebung so im Original (Textgrundlage dieser Ausgabe: Friedrich Nietzsche, *Werke in drei Bänden*, Hg. Karl Schlechta, München: Hanser, 1954).

60 Ebenda, S. 12.

61 Martin Heidegger, *Sein und Zeit*, Tübingen: Niemeyer, 1993 (Erstausgabe 1927 im von Edmund Husserl herausgegebenen *Jahrbuch für Philosophie und phänomenologische Forschung*), besonders § 41, „Das Sein des Daseins als Sorge“, S. 191–196.

62 Ebenda, S. 198.

63 Ebenda, S. 42 (Kursivierung so im Original).

64 Martin Heidegger, „Die Frage nach der Technik“, in ders., *Die Technik und die Kehre*, Pfullingen: Neske, 1962, S. 5–36, hier S. 15.

65 Ebenda, S. 15 f.

66 Ebenda, S. 17.

67 Ebenda, S. 17 f.

68 Ebenda, S. 18.

69 Martin Heidegger, „Der Ursprung des Kunstwerkes“, in ders., *Gesamtausgabe*, Band 5: *Holzwege*, Frankfurt/M.: Vittorio Klostermann, 1977, S. 1–74, hier S. 3.

70 Ebenda.

71 Ebenda, S. 18.

72 Ebenda, S. 26.

73 Ebenda, S. 66.

74 Albert Gleizes und Jean Metzinger, *Cubism*, London: T. F. Unwin, 1913, S. 19. Zuerst veröffentlicht auf Französisch unter dem Titel *Du ‚Cubisme‘*, Paris: Eugène Figuière et Cie., 1912.

75 Ebenda, S. 26.

76 Immanuel Kant, *Kritik der Urtheilskraft*, Berlin und Libau: Lagarde und Friedrich, 1790, S. 45.

77 Nikolay Fedorov, *What Was Man Created For? The Philosophy of the Common Task*, übersetzt von Elisabeth Koutaissoff und Marilyn Minto, London: Honeyglen / L'Age d'Homme, 1990.

78 Nikolay Fedorov, *Museum, Its Meaning and Mission*, in Arseny Zhilyaev, Hg., *Avant-Garde Museology: e-flux classics*, Minneapolis: University of Minnesota Press, 2015, S. 60–170.

79 Michel Foucault, *The Birth of the Clinic: An Archaeology of Medical Perception*, übersetzt von A. M. Sheridan, London: Routledge, 1973, S. 33. Französischer Originaltitel: *Naissance de la clinique. Une archéologie du regard médical.* Aktuelle deutsche Ausgabe: *Die Geburt der Klinik. Eine Archäologie des ärztlichen Blicks*, Frankfurt/M.: Fischer, 2016.

80 Ebenda, S. 34.

81 Hannah Arendt, *Vita activa oder Vom tätigen Leben*, Hg. Thomas Meyer, München: Piper, 2020, S. 129.

82 Ebenda, S. 131 f.

83 Ebenda, S. 134.

84 Ebenda, S. 175.

85 Ebenda, S. 330.

86 Ebenda, S. 172.

87 Roger Caillois, *Méduse et Cie*, Paris: Gallimard, 1960.

88 Ebenda.

89 Alexander Bogdanov, *Essays in Tektology: The Universal Organization Science*, übersetzt von George Gorelik, Seaside, CA: Intersystems Publications, 1980, S. 178. Russischer Originaltitel: *Tektologija, vseobščaja organizacionnaja nauka.*

90 Ebenda, S. 185.

91 Ebenda.

92 Ebenda, S. 188.

93 Ebenda, S. 189.

94 Ebenda.

95 Ebenda, S. 198.

96 Ebenda, S. 205.

97 Martin Heidegger, »Die Frage nach der Technik«, a. a. O., hier S. 20 ff.

98 Georges Sorel, *Reflections on Violence*, Cambridge: Cambridge University Press, 1999 [1912], S. 72 f. Französischer Originaltitel: *Réflexions sur la violence.* Deutsche Ausgabe: *Über die Gewalt*, Frankfurt/M.: Suhrkamp, 1981.

99 Bogdanov, *Essays in Tektology*, a. a. O., S. 183.

100 Alexander Bogdanov, »Tektology of the Struggle against Old Age«, in *Russian Cosmism*, Hg. Boris Groys, Cambridge, MA: MIT Press, 2018, S. 203 ff.

101 Vgl. Alexander Svyatogor, »Our Affirmations«, in *Russian Cosmism*, Hg. Groys, a. a. O., S. 59–62.

102 Alexander Bogdanov, »Immortality Day«, in *Russian Cosmism*, Hg. Groys, a. a. O., S. 215 ff.

103 Friedrich Nietzsche, *Gesammelte Werke*, München: Musarion Verlag, 1926, Bd. 19, S. 373.

104 Walter Benjamin, *Gesammelte Schriften*, Frankfurt/M.: Suhrkamp, 1982, Bd. V-1, S. 173.

105 Bogdanov, »Immortality Day«, a. a. O., S. 225.

106 Ebenda, S. 226.

Titel der englischen Originalausgabe:
Boris Groys, Philosophy of Care. Verso, London 2022
Copyright © 2022 Boris Groys

© Claudius Verlag München 2022
www.claudius.de
Alle Rechte vorbehalten. Das Werk darf – auch teilweise – nur mit Genehmigung des Verlages wiedergegeben werden.
Umschlaggestaltung: Weiss Werkstatt, München
Gesetzt aus der Adobe Garamond Pro und Lucida Sans
Druck: FINIDR s.r.o, Český Těšín
ISBN 978-3-532-62878-2